DATE

LITERATURA  Y SOCIEDAD

DIRECTOR
ANDRÉS AMORÓS

VICENTE LLORÉNS

Aspectos sociales de la literatura española

EDITORIAL  CASTALIA

—

Impreso en España. Printed in Spain
por Artes Gráficas Soler, S. A. Valencia

Cubierta de Víctor Sanz

I. S. B. N.: 84-7039-172-0

Depósito Legal: V· 544 - 1974

Prefacio

L A mayor parte de los ensayos recogidos en este volumen se refieren a aspectos de las letras españolas relacionados con la acción ejercida más o menos directamente por fuerzas religiosas y políticas coercitivas. Anverso y reverso de una misma moneda, las restricciones impuestas un día por el Santo Oficio, y, en épocas más cercanas, las expatriaciones resultantes de un poder político no menos autoritario y excluyente, han llenado largas etapas de la España moderna. Sin embargo, no obstante el interés que suscitaron, y las controversias que provocó la historia inquisitorial en particular, su posible repercusión en la literatura ha sido poco estudiada.

En mis años de estudiante, y aun después, se evitaba mencionar a la Inquisición dentro de la historia cultural de España. Era, en primer término, cosa de mal gusto que no casaba bien con conceptos tales como Renacimiento o Barroco, y que además sonaba a vieja, a cuestión debatida ya de sobra por progresistas y tradicionalistas decimonónicos y definitivamente superada. Cuando Marcel Bataillon, en sus primeros estudios sobre la literatura religiosa del siglo XVI, hacía referencia, como no podía menos, a la Inquisición, más de uno de sus propios amigos y admiradores torcía el gesto con desagrado.

Quien esto escribe no era entonces excepción a la regla; pero más tarde llegó a ser testigo inmediato de acontecimientos que por su naturaleza y magnitud bastaban para alterar ideas y convicciones arraigadas. A las puertas de la universidad de Colonia vio quemar, entre desfiles, himnos y discursos triunfales, obras maestras de la literatura alemana. Allí y en otras partes conoció luego la persecución política, la delación personal y la represión ideológica como parte de un sistema organizado para subyugar al discrepante o aniquilarlo. Dondequiera que ello se produjo el temor acabó con la confianza y el aire libre se transformó en una atmósfera opresiva.

Al volver luego la mirada atrás y repasar la historia española, ya no era posible satisfacerse con los textos corrientes; a lo sumo cobraban casi más autoridad por lo que callaban que por lo que decían. Si las diversas formas de coerción estatal han tenido en nuestro tiempo las consecuencias que todos sabemos, ¿cómo suponer que otras fundadas en los mismos o semejantes principios dejaran de producir efecto alguno en el pasado?

Por lo demás, la Inquisición española no fue un fenómeno pasajero; duró más de trescientos años y su poder alcanzó a todos. Felipe IV tuvo que pedir permiso a un inquisidor general para leer la *Historia de Italia*, de Guicciardini, que estaba prohibida. Los libros adquiridos por el conde de Gondomar mientras ocupó el cargo de embajador en Londres, no fueron directamente a engrosar su biblioteca de Valladolid; la Inquisición se incautó de ellos, los sometió a escrutinio y sólo le permitió retener los que autorizaron sus calificadores.

Entre 1559 y 1790 la Inquisición publicó ocho Índices de libros prohibidos y —a partir de 1584— expurgados. El primero es muy breve, apenas contiene unos trescientos títulos en latín, de autores y obras, y poco más de ciento cincuenta en romance. El último, sin contar el apéndice de 1805, se eleva, según mis cálculos, a unos ocho mil, de los cuales ascienden al millar aproximadamente los españoles.

La mayoría de las obras de españoles "heréticos" que aparecen en los primeros Índices y siguen figurando en los demás (Juan de Valdés, Servet, etc.) no fueron conocidas o impresas en España hasta la segunda mitad del siglo XIX o en el presente. Pero junto a los heterodoxos hay también muchos ortodoxos. La *Católica impugnación,* de Fray Hernando de Talavera, confesor de Isabel la Católica y primer arzobispo de Granada, impresa en 1487, si no antes, está en todos los Índices sin excepción. De su obra no quedó, que se sepa, un solo ejemplar en España. El único existente se descubrió no hace muchos años en una biblioteca de Roma; es el que ha sido reimpreso en Barcelona en 1961, casi cinco siglos después de su aparición.

Quizá lo más sorprendente de este asombroso fenómeno de discontinuidad sea la escasa atención que le han prestado los historiadores nacionales. Apuntémoslo, de todos modos, a cuenta del Santo Oficio.

La incompatibilidad inquisitorial con la mentalidad europea moderna se hace patente apenas se echa la vista sobre los Índices. Una de las palabras que las reglas seguidas por los calificadores repiten con más frecuencia, para condenarla en cualquier orden de cosas, es la palabra *novedad.* No es extraño, puesto que toda alteración, variación, desviación, es condenable desde el momento en que se adopta un dogma. Pero si hay algo que caracteriza, para bien o para mal, la marcha que ha seguido el espíritu moderno en sus realizaciones, es justamente el cambio ininterrumpido, la "novedad" permanente.

El pensamiento crítico, que es el nervio de esas novedades del mundo moderno, pudo encontrar eco en un Feijoo, pero limitadamente. La misma limitación que se impuso Cadalso en sus *Cartas marruecas,* al adelantar desde el principio que en su obra quedaban excluidas la religión y la política, es decir dos temas fundamentales para quien como él trataba de presentar un cuadro de la sociedad española. Montesquieu no los evitó en sus *Lettres persanes,* ni tampoco Blanco White escribiendo en Inglaterra sus *Letters from Spain.*

Sin embargo, no se trataba tan sólo de impedir la manifestación de ideas subversivas; se prohibió igualmente toda discusión en torno a cuestiones políticas y religiosas, tanto en contra como en favor de los principios establecidos. Ni se permitió el breve escrito del Padre Mariana *De mutatione monetae,* que denunciaba los abusos cometidos en la alteración de la moneda, ni *El chitón de la taravillas,* de Quevedo, favorable a la política económica del Conde-Duque. Ni una palabra, como era de esperar, en elogio de la religión mahometana; pero tampoco se autorizó el *Anti-Alcorán,* de Bernardo Pérez, ni siquiera la comedia *El falso profeta Mahoma,* de Rojas Zorrilla.

Las obras que van engrosando por miles los índices de los siglos XVII y XVIII (el de Zapata de 1632 se enorgullece de haber añadido al anterior de 1612 dos mil quinientos nombres) no eran ni mucho menos exclusivamente religiosas. La filosofía, la ciencia, la historia, la política y la literatura están bien representadas, sobre todo entre los autores extranjeros, que constituyen con gran diferencia la mayoría. Maquiavelo, Rabelais, Bacon, Kepler, Montaigne, Pascal, Locke, Voltaire, Hume, Rousseau, para no citar más que a unos cuantos, figuran allí. Con excepción de poetas y autores dramáticos, apenas falta un escritor francés importante de aquellos tres siglos. Ni de ellos ni de muchos otros quedaron obras en España, fuera de las poseídas y en gran parte destruidas por la Inquisición, a no ser las pocas salvadas en algún convento, si no se quemaron como en el madrileño de María de Aragón.

Ahora bien, el desconocimiento o conocimiento a medias, que casi es peor, de una literatura de pensamiento tan considerable en la formación del mundo moderno, no pudo menos de contribuir al empobrecimiento, o si se quiere al provincianismo que no obstante el tiempo transcurrido se hace notar todavía en la cultura española. Bien visible es el contraste entre las numerosas aportaciones extranjeras a la historia política o literaria de España, por ejemplo, y la mínima contribución de los españoles al estudio de lo ajeno. Con todas las salvedades que se quieran, bien puede decirse que hasta fines del siglo XIX, o más bien hasta la generación de Ortega y Gasset, apenas ha habido español que pudiera decir algo original o competente sobre temas no nacionales.

¿Y cómo hubiera podido hacerlo sin salir de España, si muchas veces no tenía a mano los libros indispensables? Ni siquiera —resultado bien paradójico— para defender su propia religión, que fue el objeto supremo del Santo Oficio. En 1860, el presbítero Juan Díaz de Baeza publicó su traducción al español de la *Historia de las variaciones de las iglesias protestantes,* de Bossuet. Díaz de Baeza trató de mejorar versiones anteriores siguiendo cuidadosamente el texto del autor en buenas ediciones francesas, mas no pudo esmerarse en otras cosas. "Me ha sido imposible —dice— verificar las citas de que tanto abunda la obra, porque se refieren a libros que no hay en España". Se trata naturalmente de libros de autores protestantes que Bossuet combatió en defensa del catolicismo; mas lo que el famoso obispo hizo en su país en el siglo XVII no podía hacerse en España dos siglos después (ni probablemente hoy día).

Al sistemático desmoche inquisitorial se debió en gran parte la secular pobreza de las bibliotecas españolas en libros extranjeros de todas clases. Así se explica el valor que tuvo en su tiempo como biblioteca de cultura general la del Ateneo de Madrid, mientras que la Nacional seguía siendo un vasto depósito de libros casi exclusivamente españoles, fuera de los viejos fondos clásicos e italianos del siglo XVI. Refugiado en Londres y sin recursos para adquirir los libros que hubiera necesitado, Karl Marx pudo, no obstante, escribir las obras que sabemos, acompañadas de copiosas referencias y notas eruditas sobre la historia y la literatura de varios pueblos europeos, sin salir, como simple lector, del British Museum.

Ni estas ni otras posibles repercusiones a corto o a largo plazo del todopoderoso tribunal del Santo Oficio, que dominó tanto tiempo la vida entera española, sin dejar apenas resquicio libre, pueden apuntarse ni menos documentarse en unas breves páginas. Ya lo he hecho en trabajo de mayor exten-

sión que espero publicar. Por ahora, la digresión
inquisitorial no tiene más objeto que llamar la atención sobre la ambigua y desconcertante situación en
que debieron de encontrarse algunos escritores que
no se plegaban del todo al conformismo general, o
se dejaban llevar demasiado lejos por su vena satírica. Quevedo, apareciendo "en persona" en el Índice de Sotomayor —hecho verdaderamente insóli-
to— y pidiendo que le prohibieran obras suyas que
la inquisición no había prohibido ni quiso prohibir,
es un ejemplo notable (y no explicado). Quizá no
lo es menos el de Cervantes, sólo que el autor del
Quijote, probablemente más cauto, prefirió hacer
hablar al silencio, si no es errónea la interpretación
que doy más adelante de un famoso capítulo de la
obra.

No fueron, pues, las consecuencias directas de
la acción inquisitorial, con ser tan graves en otros
órdenes, las que más afectaron a la literatura imaginativa (que en un principio las autoridades ecle-
siásticas pensaron dejar al margen). El abismo que
separa, como visión de la vida humana, a *La Celestina* de Rojas de *La Dorotea* de Lope, o las diferencias que existen en el plano religioso entre el
Abencerraje y el *Ozmin y Daraja,* de Mateo Alemán,
no son resultado de coerción alguna; pero están en
relación con determinadas condiciones históricas y
sociales a las que no fue ajena la Inquisición.

Los términos de Contrarreforma y Barroco son
demasiado generales e imprecisos para comprender
el cambio que se produjo en España entre la primera y la segunda mitad del siglo xvi. El Índice de
1559 coincide con los grandes autos de fe de Valladolid y Sevilla, con el proceso del arzobispo
Carranza y con la prohibición de estudiar en la

mayoría de las universidades extranjeras. Un año
antes se prohibió la importación de libros sin some-
terlos a inspección. Por entonces ya se habían ge-
neralizado los estatutos de limpieza de sangre, y no
mucho después, en 1572, los doctos de toda España
vieron cómo el Santo Oficio procesaba a cuatro
eminentes hebraístas: Fray Luis de León, Martín
Martínez de Cantalapiedra y Gaspar de Grajal, catedráticos de la universidad de Salamanca, y Alonso
Gudiel, de la de Osuna.

Lo que todo esto trajo consigo, sin necesidad de
los decretos de Trento, fue un nuevo clima en la
vida intelectual española, como atestiguan escritores
contemporáneos. En ese clima iba a florecer un
drama —el más social de todos los géneros literarios— que contrasta radicalmente con el que creó
Rojas un siglo antes, y ofrece escasas analogías con
el teatro de otros autores de la primera época del
XVI. La tragedia, según intento mostrar, no pudo
sobrevivir dentro de una creencia religiosa que exigía la salvación, que rebajaba en todo momento al
discrepante y que imponía sin equívoco el triunfo
del orden establecido mediante la figura semidivi-
na del rey.

Secuela del poder dogmático y excluyente es asimismo la expatriación del inconforme, que para
salvaguardar sus creencias u opiniones, cuando no
la vida, necesita alejarse de su país. Así ocurrió
con los heterodoxos del siglo XVI, y el mismo origen
tienen las emigraciones políticas modernas. Hay,
como podrá verse, entre los ensayos que siguen, algunos referentes a escritores expatriados a consecuencia de la guerra civil de 1936.

Dos de ellos, uno historiador, el otro poeta, mere-
cerían más atención de la que he podido dedicarles,

por haber vivido en territorio de lengua no española. El verse desterrado entre quienes hablan otra lengua produce en el hombre de letras reacciones muy diversas, a tono con su mayor o menor conocimiento de dicha lengua, su edad y sus circunstancias personales. El aprendizaje y dominio de la lengua ajena puede llegar al extremo poco frecuente de hacerla suya y acabar utilizándola como instrumento literario. Lo más corriente es que no pase de ser lengua libresca o conversacional, y aun en este último caso de conversación social y práctica. La culta con escritores del país, habituados al despliegue de ingenio o al diálogo vivaz y expresivo sin el menor esfuerzo, no será nunca tan espontánea en el advenedizo y lo colocará en un plano de inferioridad penoso. Es la inferioridad que sintió Blanco White, a pesar de haber rivalizado sin desdoro en sus escritos ingleses con uno de los grupos intelectuales más brillantes que hubo en Oxford en el siglo XIX (Newman, Whately, Pusey).

Pero el escritor emigrado no lucha únicamente con la lengua extraña sino con la propia, que ya no oye hablar a su alrededor y que a lo sumo practicará con naturalidad entre compatriotas amigos o en su hogar. De ahí la impresión que más de uno tuvo de ir perdiendo su español por empobrecimiento (el duque de Rivas, Pedro Salinas), o de que se anquilosaba, dejando de ser lengua viva y cambiante (Juan Ramón Jiménez). Tal impresión suele ser falsa, mas aunque no lo sea, puede provocar consecuencias literarias favorables: el enriquecimiento de la propia lengua por miedo a perderla. El Salinas madrileño, conocedor del habla callejera de su ciudad natal, que apenas podemos adivinar en algún raro momento anterior, ése es justamente el que aparece por primera vez en su obra de expatriado.

Hay en el destierro tanto aspectos negativos como positivos. Lo que caracteriza al desterrado es la dualidad de su existencia. Por una parte se ha alejado del mundo a que perteneció anteriormente, por otra se ve inmerso en una sociedad desconocida para él y en la que ha de vivir temporalmente si no para siempre. A veces el vacío que siente se traduce en una actitud hostil, indiferente o de recelo frente al nuevo medio. Pero también ocurre lo contrario, y el desterrado, que como la mayoría de los seres humanos no puede subsistir sin adscribirse a la sociedad en que convive, se siente atraído por la realidad circunstante, y a su observación y estudio dedica sus esfuerzos. Los trabajos de José Gaos sobre el pensamiento hispanoamericano, los sociológicos de José Medina Echavarría sobre el desarrollo económico, podrían citarse como ejemplo, entre otros de carácter científico y literario.

El pensamiento, la historia, la literatura del país de asilo también pueden dejar huella en la obra del emigrado no sólo como objeto de estudio sino como ejemplo. Sabido es lo que debieron a Inglaterra y Francia el duque de Rivas y Espronceda. En nuestro tiempo, Luis Cernuda afirmaba que sin la experiencia inglesa su poesía habría sido otra.

Al contacto con el medio ajeno, tan fecundo en contrastes con el propio, se debe no pocas veces una nueva visión del país de origen. Como dijo Cernuda: "Mucho enseña el destierro de nuestra propia tierra". La "realidad histórica" de España de Américo Castro está vista desde la América del Norte, pero con la mirada puesta al mismo tiempo en la América española. De donde su concepto de lo "hispánico".

No es necesario insistir demasiado en la discontinuidad cultural que esta emigración produjo. Como muestra significativa, aunque muy incompleta, bastaría tener presente la enseñanza universitaria. Había con anterioridad a la guerra en las once universidades del Estado español poco más de quinientos catedráticos numerarios, según el escalafón de 1935. Se ha calculado que ese número quedó reducido al terminar la guerra a la mitad aproximadamente, contando las bajas debidas a defunción natural o violenta, jubilación, destitución y emigración.

La discontinuidad no fue pasajera; ha durado mucho más que en ninguna de las emigraciones políticas anteriores. Muy contados han sido los que al cabo de los años regresaron a España para ejercer de nuevo su profesión; otros volvieron después de jubilados en los puestos que ocuparon en el extranjero; la mayoría murió en el destierro. De los catedráticos que acabaron sus días fuera de España mencionaré tan solo a los siguientes, que pertenecieron a la Universidad de Madrid: Ignacio Bolívar, Odón de Buen, Rafael de Buen, José Giral, Blas Cabrera, Manuel Martínez Risco, Pedro Carrasco, Honorato de Castro, Gustavo Pittaluga, Manuel Márquez, José Sánchez-Covisa, Juan Negrín, José Castillejo, Fernando de los Ríos, Felipe Sánchez-Román, Luis Jiménez de Asúa, Rafael Altamira, Luis de Zulueta, Pedro Salinas, José Gaos.

Si la labor docente de quienes profesaron en universidades y otros centros de enseñanza quedó interrumpida del todo, sus publicaciones, así como las de muchos otros que no eran profesores, pudieron un día encontrar el camino de retorno a España,

pero en fecha tardía y no siempre en su totalidad.
Ni siquiera los poetas. En los últimos años hasta
un Rafael Alberti ha editado alguna obra en España, pero sus coplas de Juan Panadero, sus poesías
de guerra y otras anteriores no pueden difundirse
todavía libremente. Tampoco Jorge Guillén, que ha
tenido que imprimir su obra completa (hasta 1969)
en Italia, está libre de impedimentos. El literato emigrado, en su posible relación con el lector español,
encontró desde el principio un grave obstáculo: la
censura.

Es curioso observar que al descubrimiento de la
imprenta, que tan radicalmente contribuyó a una
mayor difusión de la palabra escrita, siguieran no
mucho después, en el siglo XVI, las más severas restricciones para impedirla. Tanto los reyes como la
Iglesia romana y las nuevas iglesias instituidas por
la Reforma, impusieron las más duras sanciones a
los autores, impresores y vendedores de libros que
juzgaron peligrosos. En España, donde se castigaba
además a los lectores, llegó a haber dos censuras, la
previa del manuscrito y la inquisitorial, que podía
recaer después sobre la obra impresa.

La libertad de imprenta establecida en España ya
entrado el siglo XIX, no siempre fue efectiva para
ciertas publicaciones periódicas, que hubieron de someterse con frecuencia a suspensiones y sanciones
por orden gubernativa. Así y todo el siglo pasado
ofrece marcado contraste con el presente, que ha
presenciado un notable resurgimiento de la censura.
La cual, no obstante su función esencialmente pre-
ventiva, recuerda no pocas veces la de los antiguos
Índices, empezando por sus efectos retroactivos.
Obras de autores como Unamuno, Baroja y Azorín
padecieron mutilación en reediciones posteriores a

la guerra de 1936, según han señalado atentos estudiosos. Hasta se produjeron sustituciones, como en los expurgos inquisitoriales. Un pasaje de Unamuno en que hablaba de la perversidad de la "policía" se convirtió en perversidad de la "política". Bien es verdad que en éste y otros casos no sabemos si lo que parece acción de los censores no sería obra de los mismos editores para evitar posibles tropiezos. Pues es propio de todo sistema autoritario que su influjo se ejerza no sólo directamente sino también, cuando se inhibe, por el mero hecho de su presencia. Es indudable, de todos modos, que el futuro historiador de las letras españolas, tanto de la emigración como del interior, habrá de encontrar en el estudio de la censura, que por su misma índole siempre presenta facetas rigurosas entreveradas con aspectos risibles, materia importante para el desenvolvimiento de la cultura española.

En los primeros veinte años que siguieron a la terminación de la guerra civil, bien puede decirse sin cometer grave error que la obra literaria realizada durante la emigración por escritores de nota, era desconocida no sólo para el lector medio español sino para muchos críticos. Sin que por otra parte llegara a compensarse, salvo raras excepciones, la pérdida del lector español con la adición del hispanoamericano. Bastante lograban si se hacían leer por los propios emigrados dispersos en dos continentes. No es, pues, sorprendente que hace años Francisco Ayala se preguntara: ¿para quién escribimos?, y llegase a la poco halagüeña conclusión de que todo escritor es en nuestro tiempo un desterrado en su propio país. Si en el Madrid de 1836 al poeta que acababa de publicar un libro, sus amigos, en vez de felicitarle y leerle, le preguntaban por

el cabecilla Gómez, según decía irónicamente Larra,
y a principios de este siglo una obra de Valle Inclán
no encontraba sino tres compradores, ¿qué de particular tiene que más de un emigrado, dirigiéndose
a un público ajeno a las preocupaciones españolas,
lanzara al mercado sus libros como quien los tira
a un pozo?

Mas no siempre. Hasta hay circunstancias, poco
frecuentes en verdad, que hacen del destierro la
mejor caja de resonancia para el escritor. Ejemplos
clásicos en el pasado, explicables por la singularidad
del caso y el renombre adquirido antes de la expatriación, son el de Víctor Hugo en la Francia de
Napoleón III y el de Unamuno en la España
de Primo de Rivera. En la historia reciente española el tiempo ha contribuido al cambio. Para quienes eran jóvenes al emigrar treinta años atrás, había
de llegar el momento en que a ellos se otorgaran,
con obra ya bien cumplida, algunos de los premios
literarios establecidos en España (Sender, Montesinos, Ayala). Lo que no les ha librado, por otra
parte, de la censura oficial; ciertas obras suyas no
han podido incluirse hasta ahora en ediciones españolas.

Otros ensayos de este libro que tratan principalmente de la condición social del personaje literario,
no requieren a mi modo de ver consideraciones pre-
vias. Quizá tan solo el de Don Quijote como figura
perteneciente a un grupo social venido a menos,
pero cuya transformación no conocemos sino imper-
fectamente. Mientras no haya estudios detallados
sobre la sociedad española de fines de la Edad
Media y principios de la Moderna, toda incursión
en este terreno es aventurada. Pero si los textos literarios y aun el contexto histórico dan pie, como

creo, para la interpretación que propongo, el intento se justifica. Y más tratándose de una obra como la de Cervantes que incita por sí misma a cualquiera a salirse de sus casillas y lanzarse a la aventura, aunque se exponga a fracasar por completo.

1

Teatro y Sociedad
De la tragedia al drama poético en el teatro antiguo español

Entre las numerosas notas de Grillparzer sobre el teatro antiguo español, en su mayoría referentes a Lope de Vega, que hoy forman un entero volumen de su *Diario*, figura la siguiente observación: "Una particularidad corriente en los dos principales dramaturgos españoles es que casi no conocen la tragedia. Aun cuando sus obras contengan las mayores atrocidades, la última impresión que dejan en el espectador rara vez es propiamente trágica. La violencia se presenta como perdonable, o de ella surge algún bien que la hace olvidar. Al final, el estereotípico "aquí acaba la comedia, perdonen sus muchas faltas" borra toda huella grave y queda sólo el recuerdo de un juego ingenioso. Y no es que yo lo censure; lo señalo únicamente como algo peculiar. (En nota marginal: Una excepción: *La devoción de la Cruz*.) [1]

La comparación de algunas obras de Lope y Calderón con otras de Shakespeare y Racine que desarrollan el mismo o parecido tema, muestra que en lo esencial la observación de Grillparzer no carecía de fundamento.

Empecemos sin más con la *Fedra* de Racine, una de las más sombrías tragedias que existen, y una de las peor comprendidas. Mal la leyeron los románticos alemanes y sus seguidores (Navarro Ledesma entre los españoles), viendo sólo en Racine a un clasicista refinado que no hizo más que despojar a la antigua tragedia griega de su vigor primigenio. Cierto que no la han valorado mejor aquellos franceses que ven principalmente en la obra el drama psicológico-amoroso de la mujer entrada en años.

Racine presenta con minuciosa gradación la incontenible pasión de la reina por su hijastro Hipólito, tan difícilmente refrenada. Al fin Fedra se descubre creyendo erróneamente que su marido, el rey Teseo, ha muerto. Cuando ve que no es así, y que además Hipólito ama a otra mujer, ella misma, que ya había dicho *Est-ce un malheur si grand que de cesser de vivre?*, se quita la vida. Pero Hipólito, el príncipe inocente, muere también, no devorado por las pasiones, de las que huye, sino por fuerzas sobrenaturales. El monstruo marino que lo arrebata, sin que sepamos por qué, contribuye a fortalecer la impresión de que el curso de la vida humana no está regido por un orden superior racional y justo. A Teseo no le faltan, pues, motivos, cuando conoce la muerte de su hijo, para recriminar a los dioses por su inexorable crueldad; hasta odia verse honrado por ellos:

Je hais jusques aux soins dont m'honorent les dieux.

Definitivamente el famoso aunque no único oxímoron de la *flamme noire*, lejos de ser un juego retórico, es la clave de la obra. Y si la vida humana resulta dolorosamente contradictoria e irracional, no todo parece achacable a los hombres; los dioses "funestos" son también culpables.

El paso de la *Fedra* de Racine a *El castigo sin venganza* de Lope de Vega nos lleva de la tragedia al drama de honor. Casandra y su hijastro Federico se aman mutuamente, lo que no ocurre en *Fedra*; al mismo tiempo, la caída de Casandra tiene cierta justificación por la indiferencia y vida licenciosa del duque, su marido. Aquí no hay inocencia ni amor imposible.

Una delación pone lo que sucede en conocimiento del duque, el cual comprueba la verdad escuchando oculto una conversación de los amantes.

> ¿Qué esperáis, desdichas mías?
> Sin tormento han confesado.

Su culpabilidad es clara; han manchado su honor, y la ofensa sólo con sangre puede lavarse. Mas honor y fama, términos equivalentes para las figuras dramáticas de Lope y Calderón, y de sus contemporáneos, con pocas excepciones, no permiten el castigo público, que *ipso facto* infamaría el nombre del duque

> Prevenid, pues sois jüez,
> honra, sentencia y castigo.
> Pero de tal suerte sea
> que no se infame mi nombre;
> que en público siempre a un hombre
> queda alguna cosa fea.

Y aun insiste después:

> Esto disponen las leyes
> del honor, y que no haya
> publicidad en mi afrenta,

> con que se doble mi infamia.
> Quien en público castiga,
> dos veces su honor infama;
> pues después que le ha perdido,
> por el mundo se dilata.

El duque, en consecuencia, hace matar a su mujer y a su hijo mediante un subterfugio, para que se ignore el verdadero motivo. Es digno de observarse, por otra parte, que decida tan tremendo desenlace muy discursiva y jurídicamente, más como juez que como padre y marido, y sin la menor rebelión o lamentación frente al trágico destino humano. Sí se lamenta, en cambio, del orden social establecido, por considerar que la ley de honor es una ley bárbara, a la que, sin embargo, no tiene más remedio que someterse. Y si invoca también la ley de Dios

> ¿No ves
> que Dios a los hijos manda
> honrar los padres, y el conde
> su mandamiento quebranta?

no es, según puede verse, para increparla por injusta (como hace con la del honor) sino como pieza de acusación contra su hijo. Con lo que el personaje inocente, en vez de víctima, es el que castiga transformado en juez. (La auténtica tragedia sería que Federico hiciera verdadero el pretexto alegado por su padre y lo matara.)

Mas no acaban aquí las diferencias. Lo característico, a mi modo de ver, del teatro de Lope es que las situaciones más dramáticas no tienen propiamente expresión dramática sino lírica. Momento crucial en el desarrollo de *El castigo sin venganza* es el diálogo entre Federico y Casandra, en donde el primero declara su amor:

Pues, señora, yo he llegado
perdido a Dios el temor
y al duque, a tan triste estado,
que este mi imposible amor
me tiene desesperado.
En fin, señora, me veo
sin mí, sin vos y sin Dios:
sin Dios, por lo que os deseo;
sin mí, porque estoy sin vos;
sin vos, porque no os poseo.

Y a continuación Federico va dando a conocer su pasión amorosa poniendo al final de cada una de las estrofas que constituyen su discurso —así lo llama Lope— uno de los cinco últimos versos precedentes, a manera de estribillo. Es decir, que Lope resuelve la situación dramática con un juego conceptista y lírico, aprovechando un mote tradicional de los Cancioneros del siglo XV: *Sin mí, sin vos y sin Dios.* [2] El pasaje entero podría figurar con independencia en cualquiera antología poética, sin requerir explicación o modificación alguna. [3]

Resulta en verdad extraño que sea *La Celestina,* obra no destinada a la representación, la que inició el drama trágico en las literaturas modernas, y sea en la española precisamente donde no tuvo continuidad. (Situación parecida a la creada después por el *Quijote,* primera novela moderna, que fecundará el género en toda Europa menos en España, hasta la aparición de Galdós dos siglos más tarde.)

Tanto el prólogo de la obra de Rojas, apoyándose en la vieja sentencia de que "todas las cosas han sido creadas a manera de contienda", como la lamentación final de Pleberio, tras el suicidio de su hija, patentizan el sentido de la acción dramática como expresión de un mundo dominado por fuerzas contrarias y destructoras.

Al Dios del amor se entregan Calisto y Melibea,
y ese mismo Dios los destruye sin que den pruebas
de culpabilidad. Pecado y culpa son conceptos que
Rojas excluye de su obra.

> Ni Melibea ni su padre [observa certeramente Stephen
> Gilman] son culpables éticamente ni socialmente mere-
> cen reproche. Pleberio no parece concebir la entrega
> amorosa de Melibea como pecado, y, a diferencia de
> Calisto, tampoco se preocupa por su honor mancillado.
> En este respecto, como se ha señalado a menudo, Ple-
> berio es la antítesis de los padres que aparecen en el
> teatro español del Siglo de Oro. [4]

Melibea no se quita la vida en un momento de
fugaz arrebato pasional —como el que pone en peligro la de Dorotea en la obra de Lope—, sino
movida por una fuerza irresistible que le obliga a
"aderezar" sin vacilaciones ni tardanza su "manera
de morir". La mortal llaga que está en lo más secreto de su corazón "es menester sacarla para ser
curada". La muerte de Calisto —dice— "convida
la mía, convídame y fuerza que sea presto, sin dila-
ción". Si la Fedra de Racine no cree que sea grave
perder la vida, Melibea va más allá, pues considera
su muerte un "agradable fin" y siente ya alivio an-
ticipado "en ver que tan pronto seremos juntos yo
y aquel mi querido y amado Calisto". Las palabras
que dirige a su padre antes de arrojarse desde lo
alto de la torre, "despeñada por seguille [a Calisto]
en todo", son una justificación plena y gozosa del
suicidio, que para Melibea se convierte en un acto
necesario, en un deber diríamos, que está mucho
más allá de todo sentimiento de culpabilidad o pecado.

En su larga lamentación Pleberio insiste en mostrar el desorden e irracionalidad de este mundo. "Yo pensaba en mi más tierna edad que eras y eran tus hechos regidos por alguna orden". "Enemigo de toda razón ¿por qué te riges sin orden ni concierto?". Un mundo caótico, una ley "inicua", un dios cruel; por eso se queja y acusa.

Ni más ni menos que Teseo, otro padre dolido, en *Phèdre*. En las lamentaciones de Pleberio no hay que ver simplemente una tirada retórica, no obstante los "ejemplos" que la adornan; como las de Teseo, vienen en cierto modo a hacer las veces del coro antiguo. Son el comentario de quienes han sido testigos del acontecer trágico y lo sitúan en un contexto que hace resaltar su sentido general humano.

La Celestina fue obra muy leída en el siglo XVI. Se reimprimió con frecuencia y tuvo imitaciones y continuaciones. Pero es curioso que quien mejor la aprovechó literariamente un siglo más tarde fuera Lope de Vega, el creador de todo un teatro que bien podría caracterizarse como la antítesis de *La Celestina*. Hasta cuando Lope se propuso seguir deliberadamente la pauta de Rojas, el resultado fue, como tenía que ser, muy diverso.

Cierto que en *La Dorotea* la imitación es más bien formal que otra cosa. Tan vieja alcahueta es Gerarda y tan refranera como Celestina, pero el opulento indiano don Bela no necesita sus servicios para seducir a ninguna doncella, sino para que Dorotea, mujer libre si las hay, aunque casada, abandone por él a su amante don Fernando, joven galán y poeta sin más bienes que sus versos.

No amor y muerte, sino amor y literatura, mucha literatura, y bastante dinero, es lo que está en el fondo de toda la "acción en prosa". Don Bela y

Gerarda mueren, el uno trágicamente, la otra casi cómicamente, pero ya antes habían decidido tanto Fernando como Dorotea el nuevo rumbo de sus vidas. En *La Dorotea* —obra de vejez cuya ligereza juvenil no existe en *La Celestina,* creación de un joven—, Lope se despide entre desengañado e irónico de su lejana juventud y nos da una lección poco o nada pesimista. Dorotea, que al principio intentó suicidarse, acabará trocando en un convento las zapatillas de ámbar en groseras sandalias de cordeles, y Fernando dejará las letras por las armas en la jornada contra Inglaterra. La vida de acción tiene la primacía.

La esencial heterodoxia de *La Celestina* ha sido señalada por sus mejores intérpretes, desde Menéndez Pelayo hasta Gilman. Si los antiguos calificadores de la Inquisición, en vez de teólogos preparados únicamente para la caza literal de proposiciones y palabras heréticas, hubieran sido críticos atentos al sentido general de las obras literarias (el no ser así es lo que las salvó, por fortuna) a *La Celestina* la habrían prohibido totalmente desde el primer momento, y no tan solo expurgado en varios pasajes.[5] Pues no es ésta o la otra frase irreverente o blasfema de Calisto lo que la hace incompatible con la creencia religiosa dominante en la España de su tiempo, sino la trágica visión de la vida humana que se desprende de toda la obra.

En realidad, la tragedia, como se ha dicho más de una vez, no es ni puede ser cristiana, y menos católica. Donde hay salvación y optimismo providencial no hay tragedia. Si Corneille puso a su *Polyeucte, martir* el subtítulo de "*tragédie chrétienne*" fue más bien por la condición religiosa del protagonista. Pero el modo gozoso con que éste ofrenda su vida —como Melibea, aunque por otros motivos— está indicando que el martirio, prenda de otra vida mejor, no es trágico por terrible que sea. Y si hay un teatro en donde la firme creencia en la salvación constituye uno de sus principios básicos, de acuerdo con la ortodoxia católica de la época, es justamente el español del siglo XVII. Ejemplo, *El condenado por desconfiado*, de Tirso de Molina.

Mas no es éste el único impedimento religioso que hubo en España para el desenvolvimiento de la acción dramática en general y por consiguiente de la tragedia, si consideramos que es en ésta donde el conflicto dramático adquiere su máxima intensidad. Todo lo que redunde en menoscabo del vigor expresivo del diálogo, del choque de voluntades opuestas, debilitará forzosamente el efecto trágico.

En la mayoría de las comparaciones que se han hecho entre el teatro español y el francés del siglo XVII, se suele ponderar la libertad y variedad del primero frente a la rigidez y limitaciones del segundo. Si con eso se quiere destacar la cambiante polimetría española frente a la monotonía del alejandrino francés, o la abundancia episódica del uno frente a la acción concentrada del otro, poco o nada hay que objetar. Digamos, sin embargo, que todo género literario tiene sus limitaciones, y que el teatro español no es excepción a la regla.

Al estudiar algunas obras de Lope de tema morisco ya observó hace mucho José F. Montesinos que "la exclusividad religiosa y nacional" constituía una rémora teatral grave.

No era posible la comprensión del enemigo ni del heterodoxo, y repartido el drama en dos planos, uno normal, el del pensamiento español y cristiano; otro anormal, casi voluntariamente anormal, monstruoso, la diferencia de densidades refractaba feamente el efecto, que abandonando la línea de lo dramático se inclinaba hacia lo melodramático. La superioridad cristiana —la superioridad española sobre todo— no ofrecen duda alguna; lo curioso es que el moro mismo comparte esta convicción. Cristiano significa leal y virtuoso, y el moro lo sabe. Cuando en la ya citada *Divina vencedora* uno de los moros cree al héroe cristiano culpable de una traición, llega a decirle

'que tú eres el alarbe, yo el cristiano'.

Es decir, el moro reconoce una diferencia de nivel moral, determinada por la fe —mejor aún, por la raza—, una capacidad natural para la traición o la generosidad, en que ningún matiz personal se descubre. Después de esta confesión no se comprende por qué el moro —que no es el diablo— no se convierte al cristianismo, fuente de la generosidad, o mejor dicho, por qué no se había convertido ya. [6]

Mas no es éste un caso excepcional ni aplicable tan solo a moros españoles. La unidad religiosa excluyente —cuyo mantenimiento constituye uno de los principios fundamentales de la sociedad española de aquel tiempo— afecta a toda obra dramática en que aparezcan personajes de cualquiera otra confesión, por remoto que sea el pasado en que vivieron.

En la obra de Corneille *Polyeucte, martir,* cuya acción transcurre en la época imperial romana, los cristianos hablan de su nueva fe como cristianos, y no dudan, dispuestos como están al máximo sacrificio, en denostar a los paganos y sus creencias. A su vez los paganos, perseguidores del cristianismo, tampoco dejan por su parte de increpar a quienes siguen la nueva religión. Cosa bien elemental, que los cristianos hablen como cristianos, y los paganos como tales.

Desde el principio de la obra, Stratonice, que es pagana, se refiere a los cristianos:

> Leur secte est insensée, impie et sacrilège.

Polyeucte, que ya se ha hecho cristiano, dice a su mujer, que no lo es todavía:

> Malgré les faux avis par vos Dieux envoyés.

Luego, cuando Nearco y él se disponen a interrumpir una ceremonia en el templo y derribar las estatuas de los dioses —lo que les costará la vida— habla con aborrecimiento de los "falsos dioses" y de aquel culto religioso "impío".

Tan naturales como estas expresiones en boca del cristiano Polyeucte son las de la pagana Stratonice al narrar horrorizada lo sucedido y referirse a Polyeucte delante de su propia mujer con estas palabras:

> Ce n'est plus cet époux si charmant à vos yeux;
> c'est l'ennemi commun de l'État et des Dieux,
> un méchant, un infâme, un rebelle, un perfide,
> un traître, un scélérat, un lâche, un parricide,
> une peste exécrable à tous les gens de bien,
> un sacrilège impie: en un mot, un chrétien.

En el teatro español de la época de Lope y Calderón hay también obras en donde los primitivos cristianos se enfrentan valerosamente con sus opresores. Y esos cristianos hablan como corresponde a su profunda fe; en cambio, ni una sola vez, que yo sepa, se atreve ninguno de los personajes paganos a expresarse con la vehemencia que sus acciones contra los cristianos harían esperar. Si figuran como paganos es porque nos lo dice el autor y porque

así lo requiere el desarrollo de la obra, pero de sus
labios no sale una palabra que exalte su propia
religión o execre la de sus enemigos. Extraños personajes, que si alguna vez manifiestan sus verdaderos sentimientos religiosos, lo hacen para mostrar
paradójicamente el respeto y consideración que les
merece la religión de los cristianos. Siendo así, no
se entiende bien por qué los persiguen.

En *La gran comedia del triunfante martirio y
gloriosa muerte de San Vicente, hijo de Huesca
y patrón de Valencia,* debida al escritor valenciano
Ricardo de Turia, el gobernador de Zaragoza, Daciano, antes de castigar a los cristianos, los increpa
en estos términos, que, como puede verse, son un
elogio:

> ¿Es posible que el rigor
> de tormentos espantosos
> temor no pone al cristiano?

En el acto segundo Daciano exige de San Valerio
y San Vicente que adoren la estatua del emperador
Diocleciano y no a

> ese Dios que a un palo está
> por sedicioso amarrado.

A lo que replica San Vicente

> Yo responderé a ese perro
> que de Cristo blasfemó.

Y lo hace, en efecto, con un sermón en estilo muy
escolástico sobre el concepto cristiano de Dios, que
irrita a Daciano

> Calla. ¿Hay tal insolencia
> que al divino Diocleciano

este infame y vil cristiano
se ha atrevido en mi presencia?

Atado a una columna, San Vicente resiste impávido el castigo que le imponen, hasta que los sayones, tan desconcertados por su serenidad como los demás paganos, se cansan de azotarle.

Bien puede verse que aquí no hay conflicto dramático de ninguna especie. La obra de Ricardo de Turia es una crónica hagiográfica tan edificante como las medievales, sólo que dialogada.

No más dramática es *Roma abrasada,* de Lope, que su autor presenta como "tragedia", sin duda porque en ella perecen todos los personajes. La obra abarca la vida de Nerón desde que lo proclaman emperador hasta su muerte. Excepto cuando Lope concentra en un soneto la motivación interior de un personaje, lo que domina principalmente es la narración y la descripción, con digresiones a veces muy felices (el amor de los viejos), y otras no tanto, como las que corren a cargo de Séneca (un Séneca muy español y cordobés, convertido en astrólogo judiciario, del que no sale una palabra que tenga la menor sustancia filosófica).

En el acto segundo presenciamos cosas notables: Nerón, emperador romano, sale en ronda nocturna, como si estuviera en el Madrid de 1600, y después de ver a su amante, insulta burlescamente a unas vecinas, apedrea desde la calle a una vieja que se asoma a la ventana, canta y recita versos, y desafía a unos embozados que le salen al paso, matando a uno de ellos. En una palabra, un episodio de comedia de capa y espada, y un Nerón que hace de gracioso. Lo de menos son los anacronismos; lo peor es que todas esas insensateces suceden para indicar que Nerón se está volviendo muy malo.

(¿Para quién escribiría Lope?) Y en efecto, empieza a cometer atrocidades dando muerte a Británico y a su propia madre.

En el acto tercero les llega el turno a los cristianos; pero éstos se sienten felices ante la proximidad del martirio:

> ¡Qué coronas
> nos muestra ya su claro cielo abierto!,

dice el cristiano Fulgencio, a quien replica así el pagano Niceto:

> ¿Así, villano, tanto error pregonas?
> Presto no lo dirás, el pecho abierto.
> ¡Cosa es de ver el ánimo y denuedo
> con que éstos mueren sin dolor ni miedo!

El insulto se ha transformado una vez más en un elogio.

Luego se resume en una relación la doctrina de los cristianos, que es del agrado de Popea y no le parece errada a Nerón, el cual, no obstante, sigue haciendo de las suyas.

Pasemos por alto el final, con las muertes sucesivas de Séneca, Octavia, Popea y el propio emperador, para apuntar un solo detalle. Durante el incendio de Roma, Nerón, Popea, Niceto y Fenicio aparecen cantando en una torre el romance "Mira Nero de Tarpeya / a Roma como se ardía...".

Admitamos tanta simplicidad, por no decir otra cosa, en la representación teatral de la vida de un santo y hasta de un monstruo; aunque ello dé motivo para que nos asombre que *Roma abrasada* se deba a la misma pluma que *Peribáñez* o *El caballero de Olmedo*.

Mas no se piense que Calderón procede de un modo opuesto, aunque sí mucho menos ingenuo, en obras de mayor envergadura y complejidad. En *El mágico prodigioso* el gobernador de Antioquía se muestra implacable con los cristianos; un breve paso separa la confesión de Cipriano y su martirio. Sin embargo, nada sale de su boca que sea ofensivo para los cristianos, ni tampoco en elogio de su propia religión. Calderón, fiel a su concepto de reverencia y sumisión ante el poder constituido, nos presenta al gobernador con toda la dignidad de su cargo, duro en sus decisiones y neutro en sus palabras.

Pero en *El mágico prodigioso* el mayor enemigo de los cristianos no es el gobernador de Antioquía sino el Demonio en persona, cuya figura dramática traza Calderón con rasgos muy certeros. Su astucia, su desenvoltura, su capacidad de adaptación, su poder argumentativo, su rapidez de decisión, todo hace de este demonio el personaje vivaz y perverso que cabía esperar. Hasta su estilo —vale la pena notarlo— se aparta por su naturalidad del alambicamiento conceptista de los demás.

Al final de la obra, sin embargo, las palabras del Demonio, añadidas seguramente por el autor para aumentar el efecto moral y religioso, perjudican notablemente el efecto dramático. Por si no bastara el notorio fracaso sufrido ante Cipriano y Justina, aún tiene el demonio que cantar la palinodia, porque así se lo mandan los Cielos, saliendo en defensa de los dos mártires que ya, según él mismo dice,

> del sacro solio de Dios
> viven en mejor imperio.

Desde un punto de vista infernal —el único que corresponde al personaje— claro está que esas palabras no son las más adecuadas en boca de quien las dice, por edificantes que sean. Sería absurdo pedir que un demonio de Calderón se transformara en el Mefistófeles de Goethe; pero tampoco es de razón verlo convertido al final en un pobre diablo.

Durante más de dos siglos a partir de 1583, los Índices inquisitoriales españoles comprendieron libros prohibidos en su totalidad o expurgados parcialmente. El expurgo podía ser muy extenso y minucioso (cincuenta y ocho páginas folio a dos columnas alcanza el de Erasmo en el de 1640) o reducirse a un solo vocablo. Pero los calificadores del Santo Oficio no se limitaron, como era su deber, a suprimir proposiciones o palabras heréticas, sospechosas de herejía, subversivas, etc., sino que, abusando de su omnímodo poder, las sustituyeron por otras cuando les pareció conveniente.

En otro lugar he mostrado algunos ejemplos. Ahora sacaré a colación uno solo que por su brevedad —un simple nombre— parece insignificante. El Índice de Sotomayor (1640) enmienda una obra religiosa de Fray Hernando de Santiago de este modo: "En pág. 119, antes del medio, donde dice *un día a un rey tirano,* quítese *rey* y póngase *capitán*".

En la monarquía semiteocrática española del siglo XVII no podía admitirse la existencia de un rey tirano. El Padre Mariana, espíritu crítico como pocos, que ya era de otra época, pudo sostener lo contrario, pero la suya distaba mucho de ser la doctrina aceptada y glorificada por los poetas dramáticos. Es más, la majestad real acabó por equipararse con la divina, y la expresión *ambas majestades* quiso decir en España "Dios y el rey".

Los personajes principales de la tragedia griega, así como de la inglesa y francesa, son precisamente reyes y nobles, con lo que se intenta dar a la acción el máximo relieve y dignidad. Shakespeare sacará a escena sin inconveniente a reyes de su propio país y aun de época cercana. No siendo posible tal cosa en la Francia del Rey Sol, Racine apela a los de la antigüedad. Dichos reyes y príncipes personifican los grandes conflictos del ser humano frente a su destino o el orden social. Dios, Naturaleza y Ley están en el fondo de la tragedia con su poder decisivo, mientras el individuo, rebelándose o dejándose llevar de sus pasiones, acabará sucumbiendo por inocente que sea.

El drama español no podía presentar así a ningún rey, personaje sacro. Ni reinas adúlteras, ni rebeldías de príncipes (ya sabemos cuán razonablemente acaba la de Segismundo), ni reyes que expongan ante la mirada del espectador sus dudas, su sufrimiento o su impotencia. Ni siquiera con otros personajes de alto rango se permiten los dramaturgos ciertas licencias, quizá para que la imagen convencional del caballero español, todo valentía, entereza y gravedad, no corriera el riesgo de desvanecerse en escena entre las convulsiones de una pasión violenta.

Puede que por eso se tienda a evitar la representación directa del choque dramático. En la obra de Rojas Zorrilla *Del rey abajo, ninguno,* García del Castañar sorprende a quien él cree ser el rey entrar ocultamente en su casa, atraído por la belleza de su mujer, Blanca. García le deja partir, pero va en busca de Blanca con el propósito de vengar en ella, aun conociendo su inocencia, el agravio recibido. Sin embargo, no sabemos lo que a continuación ocurre entre los dos por terminar entonces el acto segundo. Sólo al empezar el siguiente venimos en conocimiento de los hechos por boca de Blanca, que, huyendo de su casa, cuenta al conde de Orgaz el terrible suceso: cómo entró García en la habitación conyugal con un arma en la mano y cómo, entre fiero y amante, la previno a morir hasta que, en lucha consigo mismo, se desmayó vencido por su propio dolor.

> Las cosas que me dijo
> cuando la muerte intimó y predijo,
> los llantos, los clamores,
> la blandura mezclada con rigores,
> los acometimientos, los retiros,
> las disputas, las dudas, los suspiros,
> el verle amante y fiero,
> ya derribarse el brazo, ya severo
> levantarle arrogante...

Es decir, que Rojas Zorrilla en vez de presentar esta escena culminante, no menos dramática que la de Otelo al enfrentarse con Desdémona para matarla, prefirió reducirla a una narración exornada de conceptos y de imágenes poéticas; todo lo brillante y expresiva que se quiera, pero narración al cabo. Y la exposición narrativa en modo alguno puede sustituir en el género dramático a la representación dialogada.

Pero volvamos a la figura del rey. Cuando en la misma obra García descubre al fin que el perseguidor de su mujer no era el rey sino Don Mendo, mata a éste para vengar la ofensa.

No he de permitir me agravie
del rey abajo ninguno.

Ahora bien, de haber sido el rey, como supuso al principio, ya vimos que el marido ultrajado nada se atrevió a hacer contra él. A García no le quedaba otra solución que la que intentó: matar a su mujer y darse muerte a sí mismo. El rey no es un personaje humano como los demás, es un ser superior e inviolable. Y si alguna vez actúa como hombre y llega a cometer un delito, como ocurre efectivamente en *La estrella de Sevilla,* no son los hombres quienes pueden juzgarle; su castigo queda reservado a la justicia divina.

La reverencia religiosa —pues no puede llamarse de otro modo— por el monarca no se desmiente nunca, ni en el caso más extremo que podía darse en la España inquisitorial, esto es, ni cuando se trata de un rey hereje.

Aunque *La cisma de Ingalaterra,* de Calderón, se atenga en general a la conocida historia que de dicho cisma escribió el Padre Rivadeneira,[7] en la configuración de los personajes principales se separa notablemente de su fuente histórica. Mientras que para el historiador jesuita Enrique VIII es un rey cuya afición ciega, "armada de saña y poder", derrama "la sangre de santísimos varones", profana y roba los templos de Dios y haciéndose a sí mismo "cabeza monstruosa" de la Iglesia de su país, pervierte "todas las leyes divinas y humanas", Calderón nos lo presenta como víctima de la pasión amorosa, pero con toda la dignidad que corresponde a la majestad regia. De su ruptura con la Iglesia de Roma, de la desamortización eclesiástica apenas se hace mención, y cuando así ocurre es para verlo arrepentido: "¡Qué mal hice! ¡Qué mal hice!" (A pesar de lo

cual no deshace nada de lo hecho). El sentido re-
verencial monárquico de Calderón, general ya en
su tiempo, no queda desmentido: el rey es siempre
rey aunque sea un hereje.

Pero como la herejía se produjo de todos modos,
sobre alguien debía recaer la responsabilidad. Y en
este caso lo que no se desmiente tampoco es el
aristocratismo de Calderón. No había por qué culpar
a Enrique VIII por el repudio de la reina Catalina,
la desobediencia al Papa y la triste situación a que
había llegado Inglaterra; el causante de todo no fue
otro que Volseo (el cardenal Volsey), el ambicioso
y vengativo plebeyo, hijo de un carnicero.

El Padre Rivadeneira ni disculpaba de tal manera al rey, ni rebajaba tanto a Volseo. Si también él
menciona su "bajo y vil" origen, es ateniéndose "a
lo que algunos escriben". Calderón, en cambio, lo
da por cierto y lo repite con insistencia. A las palabras que le dirige la reina Catalina

> aquesta púrpura santa,
> que por falso y lisonjero,
> de hijo de un carnicero
> a los cielos os levanta,

el propio Volseo añade, apenas se va la reina:

> Ganarla de mano espero,
> y será con civil guerra,
> asombro de Ingalaterra
> el hijo del carnicero.

En la representación dramática del rey hay otro
aspecto que no constituye menor traba para el logro
de la verdadera tragedia. Sabido es que en algunas de las mejores obras de Lope y Calderón, como
Fuenteovejuna, Peribáñez, El caballero de Olmedo,

El alcalde de Zalamea, el rey aparece al final, cuando ya ha terminado propiamente la acción dramática. ¿Qué papel desempeña en este caso?

La justa venganza que toma el pueblo entero de Fuenteovejuna matando al Comendador es un acto subversivo que debe castigarse. Pero la actitud unánime de los culpables hace imposible la aplicación de la ley, y es la autoridad suprema del rey la que resuelve entonces el conflicto jurídico no menos que el dramático. Gracias al monarca todo vuelve a su cauce, sin que la momentánea explosión popular conmueva los cimientos del orden establecido. Como cabía esperar, ni siquiera el campesino se rebela movido por una conciencia propia. La única alteración operada por Lope consiste en atribuir al villano las cualidades que tradicionalmente se consideraban exclusivas del caballero: amor, valor, honor. Reversión notable, ciertamente, mas no revolucionaria. Sólo una total incomprensión pudo ver en este drama de la honra un drama social.

Situación semejante, en lo que concierne al rey, se repite en *El alcalde de Zalamea.* También aquí nos encontramos con gentes plebeyas que tienen un alto sentido del honor. Pedro Crespo es capaz, como buen personaje calderoniano, de hilar tan delgado en la materia como don Gutierre o cualquier otro médico de su honra. Y aunque, juez y parte, sus procedimientos no sean tan legales como pretende, tiene el valor de enfrentarse con la casta señorial y militar, e infligirle —no sabemos bien si justa o vengativamente— un duro castigo. Tan enorme a los ojos de los demás, que pudo haber recaído sobre él la misma sentencia que dictó contra el capitán. Sin embargo, no ocurre así gracias a la intervención del rey, poder moderador y conciliador, juez supre-

mo que vela en último término para que cualquier
trastorno accidental no altere esencialmente la ordenación jerárquica de la sociedad.

Pocas veces estuvo Lope tan feliz —fuera, sobre
todo, de aquellas ingeniosas comedias en que la
mujer, siempre audaz e inteligente, juega con el
amor de los hombres, no tan audaces ni inteligen-
tes— como en *El caballero de Olmedo,* drama de
amor, misterio y muerte.

La deuda de Lope en esta obra con *La Celestina*
es bien patente, por mucho que difieran en una y
otra las situaciones y los personajes. Desde la primera jornada hay en *El caballero de Olmedo* dos
jóvenes amantes, un criado y una alcahueta que
indefectiblemente nos hacen recordar la obra de
Rojas. Pero la prodigiosa escena del acto cuarto en
que Celestina trata de vencer y vence, no sin esfuerzo y riesgo, el recato de Melibea, se convierte
en la obra de Lope en una escena más bien cómica
y hasta superflua. Nada de lo que dice Fabia para
bienquistarse a Inés es indispensable, ni hacía falta
tampoco ser tercera muy sabia para hacer amar a
quien ya amaba. Limitada Fabia al principio a ser
una simple recadera que lleva y trae papeles amorosos (aunque luego adquiera mayor importancia),
resulta ridículo que para tan modesta función
invoque al "fiero habitador del centro".

Hay por otra parte aquella referencia de Fabia
—desvergonzadamente lopesca— a los trapicheos
amorosos del padre de Inés, que joven aún, pero
estando ya casado,

> más de una vez me fió
> don Pedro sus mocedades;
> pero teniendo respeto
> a la que pudre [¡la mujer!], yo hacía

> (como quien se lo debía)
> mi obligación. En efeto,
> de diez mozas, no le daba
> cinco.

Lo que Inés, la hija, comenta irónicamente

> ¡Qué virtud!

Mientras Fabia insiste

> Que era vuestro padre un
> 'cuanto vía tanto amaba'.

¡Qué lejos estamos del hogar de Pleberio y su mujer Alisa, todo reclusión y honestidad! Allí, y no en éste del mujeriego don Pedro, es donde podía tener pleno efecto el pudoroso rasgo de Melibea de hacer interrumpir la conversación de sus padres, que tan erróneamente seguían hablando aún de su castidad.

Gradualmente el desenlace va preparándose desde el principio del acto segundo mediante alusiones, sueños e imágenes —el jilguero muerto por el azor— que desalientan al Caballero de Olmedo:

> Yo midiendo con los sueños
> estos avisos del alma,
> apenas puedo alentarme.

El tercer acto se inicia con el triunfo de don Alonso en la plaza de Medina, en presencia del rey, de su dama y del pueblo. Triunfo acrecentado por su generosidad al salvar a su celoso rival; pero seguido de tristes presagios. La sombra que se le atraviesa en el camino, en medio de la soledad y la noche, y la inesperada canción del labrador (último aviso al parecer de Fabia) preceden, envolviéndola en misterio, la muerte a traición del Caballero de Olmedo. La venganza del rival desagradecido es ejemplo de la maldad humana; la enigmática canción, la voz del destino.[8] No faltan, pues, en este desenlace elementos trágicos.

Pero Lope no se contenta con esto y añade un final cuyo efecto es anticlimático y antitrágico. Tello, el criado que recogió a don Alonso moribundo, se presenta al rey, cuenta lo sucedido y pide justicia

> Oye, pues te puso el Cielo
> la vara de su justicia
> en tu libre entendimiento,
> para castigar los malos
> y para premiar los buenos.

El rey hace prender, en efecto, a los culpables, que serán decapitados al día siguiente. Los malos pagan su culpa y la justicia triunfa.

No obstante empezar con varias reminiscencias celestinescas, *El Caballero de Olmedo* acaba dejando una impresión muy opuesta a *La Celestina*. Inés, con todo su amor por don Alonso, no intenta seguirle a la tumba; ingresará en un convento. En vez de desesperación, resignación. Mientras lo reparable se repara con el castigo de los culpables, ni una sola voz se alza dolida contra el mundo, los hombres o el destino. No es que sea imprescindible ni mucho menos una moraleja final; basta, sin embargo, que en *Bodas de sangre*, de García Lorca, la madre del novio mencione el cuchillito que apenas cabe en la mano, para que la irracionalidad de la muerte violenta quede bien grabada en el ánimo del espectador.

Indudablemente "Ambas Majestades", Dios y el rey —o sea, religión y política— fueron los mayores enemigos de la tragedia en el teatro antiguo español.

NOTAS

1 Franz Grillparzer, *Tagebuch 1824*. Sämtliche Werke, München, t. III, 1964, p. 413.

2 José María de Cossío, "El mote *Sin mí, sin vos y sin Dios* glosado por Lope de Vega", *Revista de Filología Española*, XX, 1933, pp. 397-400.

3 Algunos editores de *El Caballero de Olmedo* (Blecua, Rico) han señalado que buena parte del romance "Por la tarde salió Inés" que aparece en la *Primavera y flor de los mejores romances* recogidos por Pedro Arias Pérez, 1621 (en la reedición de José F. Montesinos, Valencia, Castalia, 1954, pp. 56-58) está sacado del que aparece en el acto primero de la obra de Lope.

4 *The Spain of Fernando de Rojas*, Princeton University Press, 1972, p. 371.

5 Es verdad que acabaron prohibiéndola del todo, pero muy tardíamente, a fines del siglo XVIII, y no por razones teológicas sino morales.

6 *El cordobés valeroso Pedro Carbonero* (1603), Teatro Antiguo Español, VII, Centro de Estudios Históricos, Madrid, 1929, pp. 170-171.

7 Su *Historia eclesiástica del cisma del reino de Inglaterra*, 1588, es adaptación de una obra del historiador católico inglés Nicholas Sanders, *De Origine ac Progressu Schimatis Anglicani*, 1585.

8 Willard F. King, "*El caballero de Olmedo*: poetic justice or destiny?", *Homenaje al Prof. William L. Fichter*, Madrid, Castalia, 1971, pp. 367-379, donde la autora da una interpretación religiosa de la obra.

2

Don Quijote y la decadencia del hidalgo

DESDE el principio del *Quijote* Cervantes señala la condición social de su héroe literario:

> En un lugar de la Mancha, de cuyo nombre no quiero acordarme, no ha mucho tiempo que vivía un hidalgo de los que lanza en astillero, adarga antigua, rocín flaco y galgo corredor.

El propio título de la novela, que, como todo título, no carece de significación, subraya el mismo punto: El ingenioso hidalgo Don Quijote de la Mancha.

Si aceptamos el supuesto de que una especie de providencia gobierna la creación de la obra literaria, o para decirlo con otras palabras, que nada ocurre en ella sin la voluntad del autor, bien podemos preguntarnos por qué escogió Cervantes a un hidalgo, entre tantos otros tipos de la sociedad española —el noble, el labrador, el soldado, el monje, el pícaro, el letrado— como figura principal de su novela.

Nunca hasta la aparición del *Quijote* había gozado el hidalgo de posición tan importante en las letras españolas. Es verdad que anteriormente no era un personaje desconocido, pero en ninguna otra obra había alcanzado papel de tanto relieve.

El anónimo *Lazarillo de Tormes,* publicado hacia mediados del siglo XVI, aunque escrito seguramente varios años antes, trazó de mano maestra en su tercer tratado o capítulo la semblanza de un hidalgo. Hidalgo tan pobre, no obstante las apariencias, que su criado Lázaro tiene que valerse de sus mañas para poder sustentarle. El único de sus bienes que el joven escudero conserva es la espada, finísima pieza que para nada le sirve en la lucha contra el hambre, su principal enemigo. El contraste entre su orgullo y su pobreza, su ambición y su posición social, han fijado para siempre en la literatura española la imagen del hidalgo. Sin embargo, su figura la perfiló el autor del *Lazarillo* con rasgos más favorables que otros, exceptuando a Cervantes.[1] El Don Mendo de *El alcalde de Zalamea,* de Calderón, es una caricatura cruel.

La lectura de otra pequeña joya narrativa, *El Abencerraje,* nos enfrenta con hidalgos muy diferentes. Aunque esta obra también anónima —si es que no pertenece a Antonio de Villegas— se publicó en la versión más conocida pocos años después que el *Lazarillo,* fue precedida por otras anteriores. En todo caso se basa en fuentes históricas y legendarias del siglo XV.[2]

El Abencerraje es como la antítesis de la narración picaresca. El pícaro no actúa movido por nobles ambiciones, fama u honor, sino por la necesidad y la desconfianza. Su primer motor es el hambre, el amor le es desconocido, la deslealtad, su regla constante. Por el contrario, en *El Abencerraje,* tanto el caballero moro como el cristiano son ejemplo de las mejores virtudes caballerescas, no sólo en la guerra sino en el amor y la amistad. "Este es un vivo retrato de virtud, liberalidad, esfuerzo, gentileza y lealtad", se dice al principio del texto de Villegas.

Los hidalgos que aparecen en *El Abencerraje* poco o nada tienen de común con el del *Lazarillo*. Son jóvenes que acompañan a su señor y le ayudan valerosamente en la guerra. Narváez les habla como a iguales, aunque pertenecen a un rango inferior de la nobleza, y uno y otros combaten a caballo.

Vemos, pues, que la representación literaria del hidalgo ha sufrido un cambio radical entre el siglo xv y el xvi. Para explicarlo se hace indispensable una larga digresión histórica.

Según algunos historiadores alemanes, la entrada del caballo en el campo de batalla no sólo produjo en la alta Edad Media una transformación importante en el arte de la guerra sino un cambio decisivo en la estructura social del Occidente.

El arma fundamental de combate de los ejércitos merovingios era la infantería; pero los árabes, que, después de sojuzgada España, cruzan los Pirineos y avanzan victoriosos por los llanos de Francia, luchaban a caballo, y los infantes francos fueron vencidos por los jinetes sarracenos. Fue forzoso a los primeros carolingios crear una caballería para resistir a los invasores. El servicio militar era obligatorio: todos los hombres libres tenían el deber de acudir al ejército, equipados a su costa, y la obligación de vivir a su costa mientras durasen los combates. Pero no podía exigirse a todos, ricos y pobres, que peleasen a caballo. El caballo era caro, caro el equipo del caballero y costosa la subsistencia del jinete y la cabalgadura en la campaña. Fue preciso dar medios de vida a los que se avinieran a combatir sobre corceles, y Carlos Martel acudió a tal sistema. La realeza era pobre, no tenía bienes que dar a esos jinetes. Pero la Iglesia había logrado reunir una cuantiosa fortuna territorial, a costa, principalmente, del patrimonio regio. En el momento decisivo Carlos no vaciló: tomó a la Iglesia sus bienes y los repartió a sus guerreros, a gentes seguras que se comprometían a entrar en su séquito armado y a convertirse en sus vasallos, y a servir como jinetes a sus órdenes. Tales concesiones fueron tan ventajosas que hasta los grandes se decidieron a aceptarlas y a prestar a Carlos, en cambio, como *vassi* el servicio de armas a caballo. Esos grandes imitaron a su nuevo señor, y una red de relaciones personales unió en adelante, entre sí y con el príncipe, a los guerreros francos. Un paso más y habrá surgido el feudalismo.

Así resumió la teoría de Brunner el medievalista español Claudio Sánchez-Albornoz,[3] al mismo tiempo que la refutaba en una extensa obra.[4]

Pero aun desechando la interpretación de Brunner y admitiendo las diferencias que la lucha contra el Islam produjo en España —donde hubo hasta una caballería popular—, queda el hecho innegable de que el guerrero medieval por excelencia es el combatiente a caballo, el caballero.

La antigüedad había elogiado la movilidad en el combate del guerrero a pie. La literatura de la Edad Media, al hacer revivir a los héroes clásicos, los transformó en caballeros. El *Libro de Alexandre,* en la narración de la guerra de Troya, nos presenta a Aquiles no ya como el combatiente homérico de "los pies ligeros", sino como un hidalgo montado a caballo

ela lança al cuello cuemo buen caballero.[5]

La velocidad del guerrero sigue siendo admirada, mas ahora no es el ser humano el que corre sino

el caballo, cuya rapidez contribuye decisivamente a
la victoria. El caballo lleva un nombre y su fama
acompaña a la del jinete. Babieca será enterrado
junto al Cid. Pero ya antes, cuando Rodrigo Díaz
quiso regalar su propio caballo al rey Alfonso, éste
rechaza el obsequio diciendo

> Desto non he sabor;
> si a vos le tolliés, el cavallo non havríe tan buen señor.
> Mas atal cavallo cum est, pora tal como vos,
> pora arrancar moros del campo e seer segudador;
> quien vos lo toller quisiere nol vala el Criador,
> ca por vos e por el cavallo ondrados somos nos. [6]

Junto a los señores también los clérigos de alta
posición en la Iglesia combatían a caballo. La *Chan-
son de Rolland* describe detalladamente el hermoso
caballo montado por el arzobispo Turpin, mientras
en el *Cantar de mio Cid* vemos lanzarse ardorosa-
mente a la lucha al obispo don Jerome.

En el Occidente europeo, asediado al sur por los
árabes y al norte por los normandos, la caballería
tuvo al principio un valor defensivo. Ante ataques
por sorpresa en lugares distantes y no fortificados,
la mejor defensa es la móvil, y nada podía entonces
igualar la movilidad de la caballería. Pero a medida
que ésta fue desarrollándose, su utilización se extendió a otras tácticas. Los caballeros de Occidente
hicieron alarde de su capacidad ofensiva durante
las Cruzadas, y ese es el momento en que la caballería alcanza su máximo prestigio militar. Sin embargo, las Cruzadas señalan también la aparición
de otras fuerzas sociales que un día desafiarán al
poder señorial. Los caballeros habían logrado, por
fin, romper la hegemonía árabe en el Mediterráneo,
causa principal, según algunos historiadores, de la

ruina económica del Occidente; pero si el triunfo militar fue suyo, el provecho económico fue a parar a manos de la incipiente burguesía mercantil.

Al final de la Edad Media, cuando la posición del caballero parecía más firme que nunca, por su poder, riqueza y prestigio, la caballería sufrió derrotas militares decisivas. Nuevas fuerzas y nuevas armas habían entrado en escena, rompiendo la superioridad del combatiente a caballo. Primero los arqueros y ballesteros, luego las armas de fuego. La brillante caballería francesa fue derrotada en Crécy, Poitiers y Agincourt por los arqueros ingleses; en 1476 la infantería suiza, que vino a ser el modelo de las demás, venció en Morat a los caballeros de Borgoña.

De nada valió que la caballería perfeccionara su armamento. Los caballeros ya no llevaban cota de malla, sino una armadura tan sólida y completa que les permitió prescindir del escudo. Sin embargo, los mejores caballeros sucumbieron ante las armas de fuego. El caballo, auxiliar antes tan eficaz, se convirtió en un impedimento. Francisco I de Francia se entregó como prisionero en la batalla de Pavía, no vencido por ningún noble caballero sino por haberle derribado el caballo de un disparo un arcabucero español.

No es sorprendente que los caballeros perdieran su compostura en presencia de tales enemigos. Bayardo, el caballero sin tacha y sin miedo, hacía ahorcar a todo arcabucero que caía en sus manos. (Hubo de morir de un arcabuzazo en 1524.) La ira de los nobles la motivaban tanto la rivalidad militar como el resentimiento social. Las nuevas armas, sobre más eficaces que las viejas, iban asociadas con gentes a sueldo, con soldados mercenarios de clase inferior.

Las armas de fuego estaban produciendo, además, una transformación en la guerra muy opuesta a la tradición caballeresca. Con razón lo lamentaba don Quijote en su discurso de las armas y las letras.

Bien hayan aquellos benditos siglos que carecieron de la espantable furia de aquestos endemoniados instrumentos de la artillería, a cuyo inventor tengo para mí que en el infierno se le está dando el premio de su diabólica invención, con la cual dio causa que un infame y cobarde brazo quite la vida a un valeroso caballero, y que sin saber cómo o por dónde, en la mitad del coraje y brío que enciende y anima a los valientes pechos, llega una desmandada bala, disparada de quien quizá huyó y se espantó del resplandor que hizo el fuego al disparar de la maldita máquina, y corta y acaba en un instante los pensamientos y vida de quien la merecía gozar luengos siglos. Y así, considerando esto, estoy por decir que en el alma me pesa de haber tomado este ejercicio de caballero andante en edad tan detestable como es ésta en que ahora vivimos, porque aunque a mí ningún peligro me pone miedo, todavía me pone recelo pensar si la pólvora y el estaño me han de quitar la ocasión de hacerme famoso y conocido por el valor de mi brazo y filos de mi espada por todo lo descubierto de la tierra. [7]

Con ballesteros o con arcabuceros, es el caso que la guerra caballeresca había perdido hasta su brillantez como espectáculo. En el *Amadís de Gaula*, antes de entrar en la descripción de una de las más importantes batallas que hay en la obra, se dice lo siguiente:

Don Florestán e don Cuadragante llamaron a Elian el lozano [...] e dijéronle que fuese al rey Lisuarte [...] e le dijesen que si mandaba quitar los ballesteros e

archeros de enmedio de las haces de los caballeros, que
habrían una de las más hermosas batallas que él viera. [8]

El rey Lisuarte podía deleitarse en la contemplación
de una hermosa batalla entre caballeros provistos de
armas y empresas tan vistosas seguramente como las
de Brandabarbarán de Boliche o Pentapolín del
Arremangado Brazo en la quijotesca aventura de
los rebaños; pero los reyes y príncipes que estaban
forjando el Estado nacional moderno, gracias sobre
todo a los ejércitos permanentes y a las nuevas
armas, buscaban, sin duda, más que brillantez, resultados militares positivos.

Como los obtenidos en Nápoles a principios del
siglo XVI por Gonzalo de Córdoba, cuya gran innovación consistió, siguiendo el modelo suizo, en dar
marcada preferencia a los infantes sobre los caballos. "Seiscientos caballos entraban en cada escua-
drón de seis mil infantes." [9] Con lo cual la batalla
dejó de ser el encuentro fortuito, el choque brutal
de individuos o masas (la típica *mêlée* de la caballería francesa) para convertirse en el desenlace ló-
gico de una situación militar creada por el cálculo
y la disciplina. [10]

La lanza del caballero pasó a ser la pica del
infante, arma que con el apoyo del arcabuz haría
famosos a los tercios españoles después de haber
probado su eficacia batiendo en 1532 a la caballería
turca en las llanuras de Hungría.

La derrota del caballero no fue tan solo militar.
En la lucha política empeñada entre los nobles y
los reyes el triunfo acabó por ser de los últimos. Los
cuales no escatimaron medios para someter a sus
enemigos. Uno de los primeros actos de la reina
Isabel frente a la levantisca nobleza gallega consistió en la demolición de sus castillos, algo así como

el golpe de gracia a todo un símbolo de la vida señorial de la Edad Media. Más tarde los hijos de los
turbulentos señores de ayer pasaron a educarse en
la corte y se convirtieron en caballeros cortesanos. [11]

Pero el nuevo caballero ya no es como el anterior. Don Quijote, a quien no se puede negar autoridad en materia de caballerías, señala en varias
ocasiones lo que separa al caballero cortesano del
andante:

> Aunque todos seamos caballeros [dice don Quijote a su
> ama] va mucha diferencia de los unos a los otros; por-
> que los cortesanos, sin salir de sus aposentos ni de los
> umbrales de la corte, se pasean por todo el mundo,
> mirando un mapa, sin costarles blanca, ni padecer calor
> ni frío, hambre ni sed; pero nosotros, los caballeros
> andantes verdaderos, al sol, al frío, al aire, a las in-
> clemencias del cielo, de noche y de día, a pie y a
> caballo, medimos toda la tierra con nuestros mismos
> pies, y no solamente conocemos los enemigos pintados,
> sino en su mismo ser, y en todo trance y en toda oca-
> sión los acometemos, sin mirar en niñerías, ni en las
> leyes de los desafíos; si lleva o no lleva más corta la
> lanza o la espada; si trae sobre sí reliquias o algún
> engaño encubierto; si se ha de partir y hacer tajadas
> el sol o no, con otras ceremonias de este jaez, que se
> usan en los desafíos particulares de persona a persona,
> que tú no sabes y yo sí.

Claro está que tales usos de los caballeros cortesanos no significan para don Quijote sino la corrupción de la verdadera caballería. Los torneos no
pasaban ya de ser un juego ceremonioso y brillante, cuando en su origen fueron un duro entre-
namiento para la guerra. Todo lo concerniente a
la preparación del caballero debía ser, según las

Partidas, propio de hombres que entran "en carrera de muerte".

Podemos admitir, como don Quijote, que los caballeros cortesanos tienen un valor decorativo más que militar. Por su gallardía, refinamiento y lujo son el mejor ornamento de la corte del príncipe. Sus armas, llamativas y costosas, sus espléndidos caballos, los utilizan más para lucirse que para combatir. Y si alguna vez actúan en el campo de batalla, no es lo más raro que sean derrotados. La *Cuestión de amor,* narración cortesana en parte histórica, dramatiza el caso literariamente. En torno a la cuestión amorosa que allí se debate bulle la vida elegante de la corte hispano-napolitana de principios del siglo XVI. Damas y caballeros viven en carnaval permanente, sin más preocupación al parecer que cambiar de indumentaria y exhibirla con toda su variedad y riqueza. Si salen de caza, apenas se mencionan las actividades cinegéticas; en cambio se describe minuciosamente el vestido que lleva cada cual. Pero un día aquellos caballeros dejan las cuestiones de amor, las damas y los juegos y salen para la guerra acompañando al virrey de Nápoles. La comitiva no es menos vistosa con sus galas militares que con las cortesanas; mas el espléndido desfile acaba en la histórica catástrofe de Ravenna (1512).

El caballero cortesano no representaba tan solo una degeneración del guerrero feudal. Por su domesticidad frente al rey llegó a personificar lo más opuesto al espíritu de la caballería. En realidad, el gentilhombre sometido al monarca de los tiempos modernos no necesitaba para nada la fuerza de su brazo. Lo importante para él era obtener el favor del príncipe, al que aspiraban también los demás cortesanos, y ese favor no se logra por el vigor corporal o el afán combativo. Lo que se requería en primer término era habilidad para halagar al señor y contrarrestar los engaños de otros cortesanos, que tampoco luchaban con armas sino con astucia. En un mundo de intrigas y recelos había que proceder con mucha cautela, de tal manera que el cortesano podía hacer suyas las palabras de Guzmán de Alfarache: "vivimos en continua asechanza". Para soslayar los peligros de la corte, el cortesano necesitaba apelar al ingenio del pícaro, que también luchaba, en otro plano, contra un mundo hostil. Así, pues, en su decadencia el caballero medieval viene a coincidir con el tipo que representa en la literatura española la extrema reacción frente a los ideales caballerescos.

La corte del príncipe moderno había dejado de ser el lugar más adecuado para recibir lecciones de caballería, no sólo por la presencia del cortesano, sino a causa del mismo príncipe. En un tiempo fue un combatiente que luchaba acompañado de sus caballeros: era uno más entre sus pares. Ahora, en cambio, tras su victoria contra los nobles, el rey, en vez de representante supremo de la caballería personificaba la Razón de Estado. Es verdad que todavía Francisco I y Carlos V pelearon como buenos y hasta llegaron a desafiarse en combate singular; mas ésta no era sino una reminiscencia de la Edad anterior, en que se habían formado. A Felipe II ya no lo pintará nadie a caballo en el campo de batalla, como a su padre.

Volvamos al hidalgo. Mientras la guerra fue señorial el escudero más modesto pudo mejorar su suerte con la profesión de las armas. Pero desde el Ordenamiento de Alcalá, a mediados del siglo XIV, el servicio militar fundado en la caballería y la concesión de tierras entra en Castilla en una de sus últimas fases. [12] Desde entonces los ejércitos de los reyes se formaron cada vez más con una infantería —y hasta con una caballería— a sueldo. Con las Guardias Viejas (1493) aparecen en Castilla las primeras tropas regulares y permanentes.

En tal situación mal podía sobrevivir el hidalgo. Imposible convertirse en un soldado mercenario; al fin y al cabo pertenecía a la nobleza. [13] La misma razón le impedía trabajar como un plebeyo en la agricultura ni en el "trato" o comercio. Cerrados estos caminos, el hidalgo —si no emigraba a América— consumiría su tiempo llamando sin gran resultado a las puertas de los nobles, o arrastrando vida vegetativa en pequeños lugares donde al menos poseía una casa y algunas tierras.

Para matar el tiempo apenas le quedaban (fuera de las devociones y prácticas religiosas, que en el caso de don Quijote no se mencionan nunca) más que la caza, la conversación con amigos y vecinos, y la lectura. En el siglo XVI la lectura se convirtió por primera vez en la historia en entretenimiento general de ociosos y curiosos gracias a un descubrimiento técnico de fecha reciente. Todos recordamos el interés que mostró don Quijote al ver por primera vez una imprenta en la ciudad de Barcelona. Es difícil imaginar el desarrollo del Humanismo y de la Reforma de no haber sustituido el libro impreso a los costosos manuscritos medievales que sólo la Iglesia y la alta nobleza podían adquirir. Bien se sabe cuánto contribuyó la imprenta a la difusión de la literatura, tanto religiosa como profana. En España hay que atribuirle el éxito sin precedentes que tuvieron los libros de caballerías y en menor grado la novela pastoril. Libros de caballerías y narraciones pastoriles precisamente formaban, con la excepción de algunas obras poéticas, la biblioteca personal de don Quijote, que sumaba, según se nos dice, unos trescientos volúmenes.

Pero en contraste con la más modesta librería de otro hidalgo, don Diego de Miranda, en la de don Quijote hay una laguna sorprendente: los libros de devoción o religiosos. Si los había en la de don Diego, como seguramente los hubo en cualquiera otra, ¿por qué faltaban en la de don Quijote?

Pensemos en el famoso escrutinio del capítulo VI, sátira indudable de los procedimientos inquisitoriales. Tratándose de libros puramente imaginativos o de entretenimiento, el cura, convertido por un momento en calificador del Santo Oficio, no tenía por qué preocuparse seriamente; pero ¿qué hacer en presencia de libros religiosos, y cómo justificar su aprobación o su condena en una hora de guerra teológica universal, y en un lugar como España donde cualquier desliz en cuestiones religiosas podía tener gravísimas consecuencias? El Licenciado Pérez pudo haber condenado sin titubear libros heréticos, pero éstos, que casi nadie fuera del Santo Oficio tenía autorización para leer y menos poseer, no podían figurar entre los de don Quijote. ¡Bueno hubiera estado escribir una novela cuyo protagonista resultaba ser hereje! Claro que no faltaban libros ortodoxos, que en vez de condena merecían encomio, tanto por su contenido edificante como por su estilo. Pero si el Índice de Quiroga, último publicado con anterioridad a la aparición del *Quijote* en 1605, condenaba a un Juan de Ávila, hoy santificado, a Fray Luis de Granada y al propio San Francisco de Borja ¿quién podía estar seguro

de no cometer una pifia y de que el libro apareciera con el sambenito de la prohibición en el próxi-
mo Índice? [14]

Por otra parte ¿no se había vuelto loco don Quijote leyendo libros? Los de caballerías, claro está;
pero su sobrina quería arramblar también con los
pastoriles, temiendo que al buen Quijano le diera
un día por hacerse pastor. La letra impresa no era
para ella, ni para la Inquisición, letra muerta: tras-
tornaba a los lectores y los lanzaba a la acción.
¿Qué papel hubieran desempeñado en aquella estrecha interdependencia de lectura y locura los libros
devotos?

Sin duda alguna, era preferible abstenerse, aunque
resultase una anomalía tan extraordinaria e invero-
símil como suponer la existencia "en un lugar de
la Mancha" y "no ha muchos años" de un hidalgo entregado en sus ocios a la lectura de obras
caballerescas, pastoriles y poéticas, y de ninguna
religiosa.

Una vez más habrá que recordar las palabras de
Cervantes en la segunda parte de su novela, cuando
asegura al lector que podría ser elogiado más por
lo que calla que por lo que dice.

Quien haya leído la *Vida de Don Quijote y Sancho* de Unamuno recordará que el autor deja de co-
mentar el capítulo del escrutinio por tratar de libros
y no de vida. No puede sorprender que Unamuno
rechazara en este punto la autoridad de Cervantes,
cuando la rechaza en otros; esta vez, después de
todo, no se dirigía exclusivamente contra Cervantes, que para él seguía siendo "ingenio lego", sino
más bien contra los eruditos cervantistas. Por otra
parte Unamuno escribía más que como crítico literario —lo que nunca pretendió ser—, como profeta,

o si se quiere como moralista. Su *Vida de Don Quijote y Sancho* adquiere sentido dentro del contexto de su crítica nietzscheana de la vida española contemporánea, y me complace ver que ésta sea también la opinión de Gonzalo Sobejano en su reciente estudio sobre Nietzsche en España. [15] Don Quijote fue para Unamuno un símbolo nacional, el único que creyó efectivo para agitar la estancada sociedad de su tiempo, el marasmo español.

Aun admitiendo la validez de la interpretación unamuniana, es indudable que revela muy poca comprensión de la novela cervantina. Como en ésta se trata con frecuencia (con motivo del escrutinio, en la venta, en la conversación con el canónigo, etcétera) de obras y problemas literarios (lo que no es excepcional, como se ha observado justamente, en la literatura europea moderna, desde Rabelais hasta Joyce), [16] Unamuno, viendo en ello una simple muestra de sumisión a la tendencia libresca y a los prejuicios retóricos del humanismo renacentista, no puede comprender que si Cervantes insiste en tales cuestiones no es para alardear de saber literario, sino por tener conciencia de que estaba escribiendo algo totalmente nuevo, ese género literario que hoy llamamos novela, y que ignorado por las teorías poéticas vigentes, necesitaba justificación.

Es el propio Cervantes justamente quien ha satirizado al erudito humanista de su tiempo en la figura de aquel joven que acompaña a don Quijote a la cueva de Montesinos, el cual se pasa la vida anotando, completando y comentando pasajes de autores antiguos para averiguar por lo menudo quién fue el primer hombre que tuvo catarro o padeció el mal gálico. Y es significativo que quien se burla de él no sea don Quijote sino Sancho Panza, el labrador incapaz de leer y escribir, pero muy capaz de darle una lección sin más que apelar a su sentido común.

Separar los libros de la vida hablando de Cervantes no parece tampoco justificado en términos históricos. Cervantes vivió en el siglo XVI, en una edad verdaderamente conflictiva (y en España más que en parte alguna) en la cual los libros y los hombres corrieron análogo destino. Un solo libro, el Libro de los libros, fue, por decirlo así, el gran alborotador del siglo, el objeto supremo de controversia, la causa de desunión del mundo cristiano. No por casualidad es aquella la época de los Índices de libros prohibidos y de los autos de fe contra los hombres y contra los libros. El escrutinio de los de Don Quijote y el subsiguiente castigo por el fuego es una imagen de la edad en que vivió Cervantes, y una sátira, que nadie más que él se atrevió a hacer en la España de su tiempo. [17]

Observemos, por otra parte, que Don Quijote no pierde el juicio por causas biológicas, ni por accidente físico o choque moral, sino por leer apasionada y constantemente libros de caballerías.

¿Qué otra cosa podía atraerle más? De todas las clases sociales, la suya, la de los hidalgos, había sido la verdadera víctima de la Edad moderna. Otras pudieron superar sin gran quebranto los cambios militares y sociales que se produjeron entre el siglo XV y el XVI. Los señores feudales formaban ahora la aristocracia cortesana y ocupaban altas posiciones como jefes militares, gobernadores y virreyes. Los plebeyos siguieron siendo labradores, soldados o religiosos. Sólo los hidalgos quedaron desplazados por su inutilidad, viéndose forzados a recluirse en sus aldeas y a arrastrar una vida sin objeto. "En la paz —dice Covarrubias— los escuderos sirven a los señores de acompañar delante sus personas, asistir en la antecámara o sala; otros se están en sus casas y llevan acostamientos (sueldo) de los señores, acudiendo a sus obligaciones a tiempos ciertos. Hoy día más se sirven de ellos las señoras, y los que tienen alguna pasada huelgan más de estar en sus casas que de servir, por lo poco que medran, y lo mucho que les ocupan." [18]

Y por si no fuera bastante verse ridiculizados por el contraste que ofrecía su pobreza y su vanidad, aun se añadió la sospecha de ser "confesos", como puede notarse en el teatro de Lope y sus contemporáneos. [19] Sospecha quizá sin fundamento, pero no menos efectiva, en una época de discriminación racial y religiosa, para excluirlos a veces de la vida pública o profesional.

Es, pues, de suponer que muchos hidalgos sintieran la nostalgia del pasado. En realidad, pertenecían históricamente a aquel tiempo que los libros de caballerías habían hecho revivir idealizándolo. En dichos libros se representaba el mundo caballeresco si no con el mejor estilo posible, al menos bajo la luz más favorable, dando a sus lectores la imagen de una sociedad gobernada únicamente por las leyes del amor y del honor, de la lealtad y de la justicia.

Para el hidalgo la atracción del pasado no era simplemente una evasión literaria. En su propio hogar había aún restos tangibles de aquellos tiempos. Cervantes nos dice que Alonso Quijano poseía "unas armas que habían sido de sus bisabuelos, que, tomadas de orín y llenas de moho, luengos siglos había que estaban puestas y olvidadas en un rincón". Lo que veía a su lado, aunque rumiento ya y fuera de uso, era justamente lo que recobraba nueva y esplendorosa vida en los libros caballerescos.

Al principio de la segunda parte del *Quijote,* al suscitarse en la conversación del hidalgo manchego con el cura y el barbero el tema del peligro turco en el Mediterráneo y de las medidas que se estaban tomando para evitarlo, Don Quijote asegura cautelosamente que él tiene pensada otra solución mejor, más eficaz y expeditiva. Y cuando al fin la declara abiertamente, el cura y el barbero reconocen al punto que su buen convecino, no obstante la discreción de que había dado muestras hasta entonces, sigue estando rematadamente loco. Sin embargo, la idea de Don Quijote de reunir a los caballeros andantes de España, incluyendo por supuesto a los de la Mancha, y lanzarlos a la lucha contra el turco, no era una locura sino un anacronismo. ¿Qué otra cosa habían sido las Cruzadas en la Edad Media?

Pero el tiempo no había transcurrido en vano, y entre Ricardo Corazón de León y don Juan de Austria se extendía una larga época que había conocido el final de la caballería, la formación del Estado nacional moderno y la escisión de la cristiandad occidental. Si algo quiso decir Cervantes es que Lepanto ya no había sido —como seguramente creyó él mismo en su juventud —ninguna Cruzada, ni podía serlo. La Francia del rey cristianísimo no tomó parte en ella; Venecia buscaba su provecho, y España defendía su posición en Italia, amenazada por el Imperio otomano, la gran potencia rival. Poco más tarde, el eje de la política internacional de España pasaría del Mediterráneo al Atlántico, ante la mirada no sabemos si atónita, resignada o irónica de Cervantes, héroe convertido para tal ocasión en cobrador de contribuciones.

Cervantes, aleccionado por su propia experiencia, pudo pensar de otro modo, pero ¿qué tenía de extraño que el hidalgo don Quijote, frente a un mundo que nada significaba ya para él, se empeñara en restaurar el mundo caballeresco de sus abuelos?

NOTAS

[1] Sobre Camilote, estrafalario hidalgo que aparece en el *Primaleón*, libro de caballerías, y reaparece como personaje cómico en el *Don Duardos* de Gil Vicente, ver Dámaso Alonso, "El hidalgo Camilote y el hidalgo Don Quijote", *Revista de Filología Española*, XX, 1933, pp. 391-397. Luego incluido en *Del siglo de oro a este siglo de siglas*, Madrid, ed. Gredos, 1962.

[2] Ver introducción de Francisco López Estrada a su edición de *El Abencerraje y la hermosa Jarifa*, Madrid, 1957.

[3] *España y el Islam*, Buenos Aires, 1943, pp. 154-155.

[4] *En torno a los orígenes del feudalismo*, Mendoza (Argentina), 3 tomos, 1942.

[5] Ed. Raymond S. Willis, Princeton-Paris, 1934, copla 666. Así, en el MS. de Osuna; el de París dice: "echó la lança al cuello a guisa de cavallero".

[6] *Poema del Cid*, ed. Menéndez Pidal, Clásicos Castellanos, versos 3516-3521.

[7] Ariosto ya había dicho en su *Orlando furioso*

> *Come trovasti, o scelerata e brutta*
> *invenzïon, mai loco in uman core?*
> *Per te la militar gloria è distrutta,*
> *per te il mestier de l'arme è senza onore;*
> *per te è il valore e la virtu ridutta,*
> *che spesso par del buono il rio migliore:*
> *non più la gagliardia, non più l'ardire*
> *per te può in campo al paragon venire.*

(II, 26)

[8] Libro III, cap. V.

[9] Conde de Clonard, *Historia orgánica de las armas de infantería y caballería españolas*, Madrid, tomo II, 1851, p. 493.

[10] José Almirante, *Diccionario militar*, Madrid, 1869, p. 152.

[11] Diego Clemencín, *Elogio de la reina católica Doña Isabel*, 1821, pp. 383-384.

[12] Galo Sánchez, "Sobre el Ordenamiento de Alcalá y sus fuentes", *Revista de Derecho Privado,* IX, 1922, pp. 353-368. (Debo esta nota a Javier Malagón.)

[13] Sólo en ciertas condiciones, al parecer, y con anterioridad a los ejércitos mercenarios permanentes, hubo hidalgos a sueldo del rey.

[14] Es justamente lo que ocurrió con los *Diálogos de amor* de León Hebreo, a los que Cervantes se refiere en el prólogo de la primera parte del *Quijote.* Vinieran o no a cuento, ya no volvió a mencionarlos en la segunda (1615). En el *Índice* de Sandoval de 1512 los *Diálogos* fueron prohibidos "en cualquier lengua vulgar".

[15] *Nietzsche en España,* Madrid, 1967, particularmente pp. 291-301.

[16] Mia I. Gerhardt, *Don Quijote: La vie et les livres,* Amsterdam, 1955, p. 2. Sobre el tema hay varios trabajos; reciente el de Martín de Riquer, "El *Quijote* y los libros", *Papeles de Son Armadans,* julio 1969.

[17] No obstante su desdén por lo libresco, Unamuno, pretende hacer a don Quijote lector de la *Vida de Ignacio de Loyola* del Padre Rivadeneira. No es cosa de debatir en una nota el terco empeño de equiparar al héroe manchego con el santo vasco, que implica, por parte de Unamuno, hasta el deseo de apropiarse de algún modo a don Quijote y alejarlo de Cervantes, hombre de cortas luces y sin duda menos español que él por aquello de que los vascos son dos veces españoles.

[18] *Tesoro de la lengua castellana,* 1611.

[19] Ver el pasaje sobre la compañía militar formada por hidalgos en el *Peribáñez* de Lope, y un entremés de Quiñones de Benavente comentado por Julio Caro Baroja en *Los judíos en la España moderna y contemporánea,* II, 1961, p. 278.

3

"El Español" de Blanco White, primer periódico de oposición*

SIN recursos, sin cargo alguno, sin comunicación con Sevilla, ocupada por los franceses, ¿de qué iba a vivir Blanco en Inglaterra? De ahí la idea de publicar un periódico español.

Tarea a la que se entregó enseguida, aunque sin grandes esperanzas. Por no llegar a un acuerdo con el colaborador, desconocido para nosotros, que tenía previsto, todo el peso de la publicación recayó sobre él, persona enfermiza y débil. El esfuerzo de corregir pruebas en español en una imprenta inglesa era ya de por sí agotador.

Labor, pues, fatigosa y de dudoso rendimiento. No cabía esperar gran éxito de una publicación londinense en lengua española, a cargo de un escritor totalmente desconocido del público inglés, ni bastaba el enorme interés que ese público había manifestado por los acontecimientos de España desde 1808.

Por eso pensó al principio en otro trabajo suplementario, más grato para él: la publicación de una

* *Boletín Informativo del Seminario de Derecho Político* (dirigido por Enrique Tierno Galván), Princeton, N. J., marzo 1962.

serie de obras del teatro antiguo español, acompañadas de prefacio y notas críticas. Para ello, le dice
a Lord Holland, robaría con gusto algunos momentos al "tedious political pamplet".

Como por otra parte el periódico iba a tener por
objeto defender la causa de España y la alianza
con Inglaterra frente a Napoleón, Blanco creyó posible obtener alguna ayuda del Gobierno inglés. No
fue así. En Sevilla, durante la etapa del *Semanario
Patriótico,* Blanco conoció personalmente a un hijo
del marqués de Wellesley, entonces representante de
Inglaterra en España, y ahora ministro británico
de relaciones exteriores. A través del joven Wellesley trató de obtener algunas suscripciones para el
periódico, cuyo primer número se estaba ya impri-
miendo, pero la gestión fracasó. "The government
—dice Blanco a Lord Holland en su deficiente inglés
de entonces—, appears not inclined to support the
Español. All Mr. Wellesley's solicitations to his
father in my favor have proved hitherto ineffica-
cious and I do not expect that the appearance of
the first number might change the marquis's mind,
as he very likely will never read it". [1]

Con tan desfavorables auspicios inició Blanco la
publicación de su revista. Cierto que pudo contar
con otras asistencias. Holland House se suscribió a
varios ejemplares; la casa Gordon y Murphy, que
meses después llegó a los quinientos, debió de sus-
cribirse a una cantidad importante desde el principio; otras sociedades comerciales anglo-españolas
hicieron lo mismo.

Tras la publicación de un breve prospecto anunciador, el 30 de abril de 1810 apareció *El Español,*
revista que siguió publicándose mensualmente, con

la excepción de los tres últimos números, hasta mediados de 1814.

El primer número, de 82 páginas, da la pauta de la composición que con leves variaciones había de mantener la revista durante cuatro años: Un artículo de cierta extensión redactado por Blanco; reproducción íntegra o parcial de textos políticos importantes, por ejemplo, la "Representación del Consejo de Castilla a la Junta Central" acerca de su instalación, o los ensayos de Martínez de la Rosa y Flórez Estrada sobre la revolución española; documentos de oficio tomados de papeles públicos, como el decreto de la Junta Central eligiendo un Consejo de Regencia; extracto de noticias; y los comentarios a unos y otros del propio Blanco.

El artículo inicial del primer número firmado con las iniciales B. W., lleva por título "Reflexiones generales sobre la revolución española". Ensayo de la mayor importancia para el conocimiento de las ideas políticas de Blanco en esta etapa de su vida, y de no menor interés por la resonancia y efectos que produjo. [2]

Ya en el prospecto anunciador dice Blanco que si en España la suspicacia del gobierno le obligó a escribir con ataduras, ahora espera que "manifestando abiertamente cuáles son sus deseos respecto de su patria, podrá, si no instruir, al menos excitar a sus paisanos al estudio y conocimientos de los principios en que está cifrada la esperanza de una libertad futura".

Y en efecto, lo que apenas se traslucía en los artículos del *Semanario Patriótico* de 1809, lo que se manifestó parcialmente, aun sin destino al público, en el "Dictamen de la Universidad de Sevilla sobre la convocatoria de Cortes", aparece aquí por primera vez sin veladuras ni reticencias.

Blanco parte del contraste entre los primeros triunfos sobre las armas francesas y los descalabros subsiguientes, es decir entre la situación de 1808 y la de 1809.

Cuando la España alzó el grito de la independencia, sola entre las naciones del continente que habían sido ya esclavizadas o iban a serlo bien pronto, todos los amantes del bien volvieron los ojos hacia ella, y esperaron prodigios de un atrevimiento tan glorioso como no imaginado. Los primeros pasos de la revolución española no desdijeron de las esperanzas concebidas, y la ilusión y el entusiasmo creció hasta un punto indecible. Ya se miró a los españoles como libertadores del continente, y el trono de Bonaparte se vio bambolear conmovido por ellos; ya se creyó que en España empezaría un nuevo orden de cosas que consolaría a la Europa de la sangre que tan en daño de su felicidad se ha vertido desde el principio de la revolución francesa: todo se esperó de los españoles, y el nombre de aquella nación fue un título de gloria que casi se miraba con envidia por las otras.

Pero la escena cambió después.

Fueron batidos los ejércitos de España, y se atribuyó a infortunio; fueron dispersados y se llamó inexperiencia; siguiéronse unas a otras las desgracias, y la voz "traición", que desde el principio se empezó a aplicar inconsideradamente, se hizo servir de llave a la interpretación de todos ellos. Últimamente, al ver que ni la misma victoria podía hacer adelantar un paso a los ejércitos, casi todos empezaron a desesperar de la causa de aquella desgraciada península; y como los hombres desquitan en desprecio lo que creen haberse excedido en admiración, la España, sumergida en desgracia, tiene

que soportar otra nueva, y es necesitar apologías, no
ya para sostenerse en su gloria recién adquirida, sino
para no perder de su honor antiguo.

Examinando el origen de este cambio, lo primero
que señala Blanco es que en España no ha habido
verdadera revolución, si se aplica el vocablo con la
nueva acepción que le había dado la revolución
francesa, y cuyo sentido político trata de precisar:

> Llamar revolución a los trastornos de España, dando
> a este nombre la acepción que la de Francia ha fijado
> últimamente, es un mal principio para explicar los acon-
> tecimientos de aquel reino.

> Las revoluciones dan fuerza a los estados cuando
> nacen de una fermentación interna por la pugna de
> un pueblo que conoce el modo de ser dichoso y un
> gobierno que le impide tenazmente la consecución de
> su dicha. Cuando todas las clases de un pueblo cono-
> cen que no son tan felices como pudieran serlo en su
> estado, que están privadas de muchos bienes, no por
> su situación civil sino por el capricho del gobierno, que
> estos bienes los tienen a la mano, y que para gozarlos
> sólo es menester destruir algunos obstáculos, la idea de
> la posibilidad enciende la esperanza, y sólo se necesita
> una ocasión en que al conocer cada individuo la uni-
> formidad de opinión en todos los otros, rompa el volcán
> del común deseo, con una fuerza y poder irresistibles.
> Pero cuando los pueblos son infelices sin conocerlo,
> cuando el mayor número está creído en que nació para
> obedecer ciegamente, para trabajar sin gozar de nada,
> para vivir como por la compasión de otros; en una
> palabra, cuando un pueblo apenas se atreve a pensar
> que es esclavo y miserable, ponerlo en una conmoción
> política es como causar a un hombre extenuado una
> calentura ardiente, o buscando por otro aspecto la se-
> mejanza, es hacer correr a un ciego por entre preci-
> picios.

Tal ha sido —añade Blanco— la suerte de España. La nación de Europa más necesitada de reformas, de nada estaba más lejos que de hacer una revolución que la libertase. "Veinte años sufrió, es verdad que quejándose; pero nadie sabe cuantos más hubiera sufrido si no fuera por un acontecimiento externo que la hizo entrar en un movimiento convulsivo". El descubrimiento de la fuga intentada por los reyes dio ocasión a la caída del favorito.

El aplauso fue universal en España, y jamás se ha presentado una ocasión más a propósito para empezar una revolución favorable; pero todo se redujo a señales de alegría, y jamás entre los gritos del pueblo español conmovido por toda la península se oyó uno que pidiese la más pequeña mejora.

De haber sucedido un periodo de calma a los acontecimientos de Aranjuez, sin las alteraciones producidas por la invasión francesa, la nación estaba dispuesta a volver a su sosiego antiguo. En los días que permaneció en Madrid el nuevo rey, nada se esperaba con tanta ansia como la noticia de su casamiento con una sobrina de Bonaparte.

Casado con una francesa, hubiera podido ser lo que quisiera tan impunemente como su padre. En una palabra, el nombre de *gobierno* tenía ya tal influjo adquirido en España que cualquiera, bajo este nombre, sería árbitro del reino.

Vino luego la unánime resistencia contra los franceses.

Permítaseme decir que difícilmente se encuentra en la historia un rasgo comparable a la magnanimidad con que el pueblo español insultado decretó vengarse sin querer calcular las consecuencias. Una fue la voluntad, una la voz de doce millones de hombres, y en tanto que pudo durar esta uniformidad admirable, la voluntad de los españoles fue cumplida. Los franceses, derrotados, perseguidos, hubieran sido arrojados de España si tal uniformidad hubiera sido dirigida y conservada.

Pero esa unión primera no se mantuvo "porque ni la generalidad del pueblo sabía a dónde dirigir sus miras, ni era fácil que apareciese un hombre a propósito que supliese lo que a la masa de la nación le faltaba de luces".

Así se explican los errores cometidos en la elección de las Juntas, formadas por los primeros que se ofrecieron al pueblo. Ni éste sabía qué facultades había otorgado a sus representantes, ni ellos cuidaron de averiguarlas.

El nombre de Fernando VII, rey de España, les hizo creerse autorizados a ejercer el ilimitado despotismo de que estaban en posesión sus monarcas, y no olvidaron de imitar con guardias y con todo el esplendor que pudieron el que ellos habían admirado en el trono.

Con este primer paso quedaban ya ahogadas las semillas del ardor revolucionario que, a juicio de Blanco, pudo haber sido salvador. Las Juntas llamadas populares pusieron todo su empeño en extinguirlo. Guardaron el orden antiguo, y España prosiguió en su vieja rutina, cuando lo que necesitaba era un verdadero trastorno que hiciese aparecer los hombres nuevos capaces de salvarla. Pero los hombres nuevos no surgieron "con grande admiración de los extranjeros que atendiendo al talento natural y a las disposiciones de los españoles, no saben a qué atribuir esta falta". Y es que, según Blanco, se

cerraron los caminos por donde el mérito desconocido pudiera manifestarse.

Las Juntas creyeron que tenían ejércitos inven-
cibles, porque los que formó el primer impulso
del pueblo lo fueron verdaderamente; pero destru-
yendo, como destruyeron, el origen de las primeras
victorias, o sea su raíz popular, mal podían éstas
repetirse.

> Aquel ardor de los primeros días, aquel entusiasmo que
> dispone al soldado a conocer, ayudar, a seguir al oficial
> de mérito; aquella opinión irresistible que va elevando
> en grado al que manifiesta las disposiciones naturales
> para brillar en la guerra, sólo se encuentra en un ejér-
> cito que renueva su espíritu militar con el espíritu de
> sus conciudadanos.

Una de las desventajas de la revolución española, según Blanco, provino de no haber empezado
en la capital, comunicándose desde allí a las provincias, por lo cual el movimiento de éstas no pudo
tener unidad sino en su objeto. "España es víctima
en gran parte de esta circunstancia. Apenas las masas de gente que se reunieron bajo cada Junta hicieron huir a los franceses, cuando la desorganizada
máquina de España cesó de repente en su movimiento".

¿Qué hicieron las Juntas después de la batalla de
Bailén? Observarse mutuamente para que ninguna
se antepusiera a las otras. Hervía la intriga, y el
pueblo, engañado con falsas noticias, acabó mirando como traidor a todo el que creía posible que
Bonaparte trajese nuevas fuerzas contra España.
Pero estas fuerzas se acercaban; el miedo y un resto de respeto a la opinión obligó a las Juntas pro-
vinciales a formar la Central.

Si la pluma hubiera de seguir el impulso que la indignación le presta, estas reflexiones, que sólo se diri-
gen a sacar fruto de la experiencia, se convertirían en
la más amarga invectiva; pero harto grabado ha quedado en todos los españoles el odio hacia esta corporación informe y desatinada para que nos paremos a
atizarlo después que ella no existe.

"La casualidad —añade Blanco, aludiendo a los
manifiestos de la Junta Central redactados por Quintana— la hizo valerse de una pluma elocuente, que
es todo lo que pudo prestarle el instrumento de
que usaba; pero en sus ideas propias despuntaba
la vanidad y la ignorancia".

No es sorprendente que hable así el redactor del
Semanario Patriótico silenciado pocos meses antes
en Sevilla, aun sin haber expresado entonces más
que entre líneas lo que ahora puede decir libremente. Y ahora, como entonces, la acusación principal contra la Junta se funda en no haber aplicado
a tiempo el remedio más eficaz a los males que se
sucedían día tras día: "Tal era la reunión de un
congreso legítimo de la nación, que siendo dueño
de la opinión pública, eligiese un poder ejecutivo
respetable a los ojos de los españoles, y excitase con
sus discusiones el espíritu nacional que iba desapareciendo". Pero el amor al mando se había apode-
rado de aquel cuerpo y nada temía tanto como la
reunión de unas Cortes.

Los buenos patriotas que habían disimulado las irregu-
laridades palpables de la formación de aquel cuerpo,
llevados del grande objeto de ver a España reunida, se
llenaron de indignación cuando a la moción de juntar
Cortes hecha en principios de mayo del año pasado,
vieron contestar con un decreto en que prometiendo
convocarlas en todo el año siguiente, anunciaban que

se celebrarían bajo su mando, y hasta señalaban los puntos de que había de tratar aquel congreso, declarando así, aunque indirectamente, la perpetuidad de su Junta.

De burla calificó este acto meses antes en carta a Lord Holland, y así lo repite ahora; pero el hecho —añade— de que la nación lo sufriera en silencio "es una de las pruebas más convincentes de que la España no había perdido la costumbre de callar a cualquier género de gobierno". Y esa actitud, dando alas a hombres dispuestos a abusar del poder, es, a su juicio, lo que condujo a España a la ruina.

El artículo de Blanco no podía terminar sin unas consideraciones finales, pues más que un bosquejo histórico es un ensayo de interpretación y hasta un manifiesto.

España necesitaba

o de una revolución verdadera en que el hervor general la prestase fuerzas para resistir a unos ejércitos hijos de una revolución semejante, y aguerridos además por veinte años de guerra, o de un hombre extraordinario que supliera con sus luces y el vigor de su genio lo que faltaba a la nación en masa.

Las Juntas impidieron lo primero; lo segundo era casi imposible por la complejidad y dificultad de las circunstancias. Se requería capacidad superlativa para manejar una masa enorme sin unidad, y en medio de la desconfianza general. Ese extraordinario salvador de la patria pudo existir oculto en España, pero de haberse presentado a la luz del día "quizá la voz *traidor* lo hubiera destruido de golpe, como hizo retirarse desde el principio a muchos que tenían luces y buenos deseos".

Blanco, sin embargo, no es pesimista. Quizá España sacará el remedio de la misma extremidad de sus males.

Los pueblos que han probado el yugo de los franceses han adquirido la fuerza de la desesperación. Los españoles podrán ser dominados parcialmente, pero es muy difícil, por no decir imposible, reducir a la nación entera a soportar conforme el dominio francés.

Ahora bien, para libertarse —termina diciendo— lo que necesita España es una revolución verdadera.

Los males de una revolución son aborrecibles donde se goza siquiera de un gobierno mediano, pero ¿podrá la España ser más infeliz que lo es ahora, o que lo será si se somete al imperio de los franceses? Españoles, jamás se purifica una grande masa sin una fermentación violenta: la más suave y saludable es la que en los cuerpos políticos ocasionan las luces. Empezad por dar el más libre curso a éstas. Dejad que todos piensen, todos hablen, todos escriban, y no empleéis otra fuerza que la del convencimiento. Desterrad todo lo que se parezca a vuestro antiguo gobierno. Si el ardor de una revolución os atemoriza, si las preocupaciones os ponen miedo con la idea de la libertad misma, creed que estais destinados a ser perpetuamente esclavos.

Así termina el primer artículo escrito por Blanco apenas puesto el pie en Inglaterra. Artículo que abre una nueva etapa en el periodismo político español, iniciado poco antes, en 1808, con el *Semanario Patriótico*.

Si en su primera etapa madrileña, bajo la dirección de Quintana, el *Semanario* aspiraba principalmente a difundir en términos generales nuevos principios políticos, en la de Sevilla, redactado por

Blanco, aun prosiguiendo la exposición teórica con el propósito concreto de formar una opinión pública y preparar el terreno para la convocación de Cortes, se manifiesta ya la discrepancia frente al gobierno. Con *El Español* de Londres (es decir, fuera de España) empieza propiamente la oposición.

Oposición jacobina. Lo de Aranjuez, simple motín instigado por aristócratas, no fue principio de ninguna revolución verdadera. La resistencia contra Napoleón se debió a la unánime reacción del Pueblo, y ese ardor primero es el que se debió mantener y fomentar revolucionariamente. Si las masas no están preparadas, hay que dirigirlas; y si el salvador (esto es el dictador, bien que dotado de "luces") no ha podido aparecer, que haya al menos libertad absoluta de pensamiento y expresión para sacudir la pasividad tradicional. Todo menos mantenerse en la inercia bajo gobiernos tan despóticos e ineficaces como el de Godoy.

El radicalismo revolucionario no explica, sin embargo, la actitud política de Blanco. Su ataque a las Juntas y sobre todo a la Central, que al fin y al cabo había dejado de existir, no está dictado simplemente por ideas sino por circunstancias inmediatas. Blanco escribe tras el derrumbamiento provocado a fines de 1809 por la ocupación francesa de Andalucía, y la huida del Gobierno a Cádiz, último reducto nacional, salvado de milagro. Los resultados catastróficos del desgobierno existente bien claros estaban.

Tal pensaba Blanco, y por encontrarse en lugar donde había libertad de prensa, creyó que podía y era su deber exponer clara y francamente su opinión. No calculó las consecuencias, y su crítica, exenta de elogios y salvedades convencionales, hubo de chocar con unos y con otros.

Las primeras noticias recibidas en Londres sobre el efecto producido en Cádiz por el primer número de *El Español*, parecían favorables.

> *We have letters from Cadiz of the 31 of May* [escribe Allen a Blanco el 23 de junio] *mentioning that the first number of the* Español *had been highly approved of in that city. Quintana and Páez thought your strictures on the Junta severe but just. There is great anxiety about your second number and much apprehension that you should say anything in it that might provoke the Regency or afford them a pretext for prohibiting it. In short, they wish you to be* suaviter in modo fortiter in re. [3]

Pronto se vió que esta impresión no correspondía ni mucho menos a la realidad. Pocos días después de la carta de Allen, Blanco recibió otra de Lord Holland que decía:

> *Since you left Holland House I have received a letter from Quintana, and I am sorry to say that the first number of the* Español *seems to have made an impression at Cadiz somewhat different from that which I had before mentioned to you, and very different from that it produced on my mind and Mr. Allen's.*
>
> *Quintana seems to think that it may have the effect of disgusting people here and elsewhere with the Spanish cause, and that it is not only severe but unjustly severe on the late Government of the Central Junta. With respect to the first objection I think I can answer it both from experience in my own case and observation on that of others, and I shall do my utmost to remove the impression of it on his mind; with respect to the second upon reperusing your paper I confess that I should feel happy in being able to assure him that it*

*is your intention to make some exceptions to your
censure on the whole body, as I think candour and
justice require it to be said that some of the members
of the Junta and Jovellanos in particular were uni-
formly adverse to the system of retaining their power
and that, whatever may be your particular opinion as
to the time and mode in which they might have sur-
rendered it to another form of Government, Jovellanos
so early as the very first meeting of the Central Government presented a paper urging the necessity of such
a step and recommending the concentration of the
executive power and the subsequent convocation of
the Cortes. This paper is in my possession and it is
much at your service to read and to publish the sub-
stance of, if you think proper. I own it appears to me
just that something of the sort if omitted in your first
number should be published in your next because as
it now stands all members of the Junta are indiscrim-
inately involved in your censure and all held out both
to Spain and America as unworthy of confidence.* [4]

El contenido de esta carta debió afectar profundamente a Blanco. Primero por la desfavorable reacción que su artículo había producido en un amigo
tan respetado por él como Quintana; en segundo
lugar por no haber sido tampoco del agrado de Lord
Holland, al menos en lo que se refería a Jovellanos.
La primera ocasión que se le había presentado a
Blanco de expresar libremente lo que pensaba, tuvo
por consecuencia disgustar a su mejor amigo político en España y a su mejor valedor en Inglaterra.

Blanco trató de justificar su posición en la siguiente carta a Lord Holland, pero, como veremos, la
huella que en él dejaron las observaciones anteriores no pudo borrarse:

I am not surprised [escribe el 10 de julio de 1810]
to hear Quintana's opinion about the first number of

El Español, *for though I honour myself with the profession of the same political principles, we have never agreed in the consequences, especially when applied to the Central Junta. The candid and open character of Quintana induces him to believe the same in people who are something artful to counterfeit it. So, as far as I can judge, was D. Martín de Garay, his great friend. There is no argument in the world which would induce Quintana to believe Garay an intriguer, because he himself can never be one. Quintana has seen the Central Junta through Mr. Garay's description, and therefore it is impossible that he may come to acknowledge my opinions thereupon as correct. Although I can give this interpretation to so severe a censure as he gives about my paper, I am sorry to see my good friend adding that my publication may excite dislike to the Spanish cause, when I only intended to excite indignation against a bad government, in order that the public opinion should be warned against any other of the same description which might appear in the present circumstances. I would certainly have made the apology of those worthy members of the Junta who never connived to the mischievous purpose of the others, had I had an opportunity to do so at the time I wrote my first number. I pay the highest respect to Jovellanos virtues and learning, but I would have appeared partial if, making his apology, I should omit to mention some others who, though not so conspicuous in merit, are perhaps as innocent in the Junta's bad proceedings as he is. He chose, out of his principles of honour, to make his reclamations in secret, and when I examined the conduct of the Junta I only could speak of what had appeared in the eyes of the people.* [5]

Este intento de justificación no da idea del efecto que produjo en Blanco la desfavorable acogida al primer número de *El Español*. Cierto que no faltaron otras reacciones. El marqués de la Romana hizo reimprimir por su cuenta en Badajoz el artículo sobre la revolución española, y lo hizo distribuir gratuitamente, contra la voluntad de las autoridades locales. Pero de sobra sabía Blanco que el entusiasmo del atrabiliario marqués, lejos de significar adhesión a sus principios, se debía pura y simplemente a desavenencias y piques personales con la desaparecida Junta Central.

La desaprobación de sus amigos y la reacción hostil de quienes no lo eran afectó tanto el ánimo impresionable de Blanco, que pensó en suspender *El Español,* apenas comenzado. Así lo confiesa pocos meses más tarde, cuando a los ataques provocados por el primer número de la revista se habían añadido otros, mucho más violentos, suscitados por la actitud de Blanco ante los intentos de independencia americana:

> Otro género de obras permite advertencias e introducciones en que los autores hablen de sí propios; mas si la mía ha de tener algo por este término, es indispensable que lo que a las más sirve de prólogo, yo lo aplique a esta por epílogo. Y en verdad que si a alguien puede perdonarse que ocupe la atención de sus lectores hablando de sí mismo, debe ser el autor de un periódico en las circunstancias que yo me hallo.
>
> El escribir de política lo he tenido siempre por desagradable empleo; pero escribir de política cuando la Europa se halla en medio de una crisis como la que sufre ahora, debe ser para ciertas personas una ocupación aborrecible, porque en otros escritos se expone la reputación literaria; en éstos, la moral, que es infinitamente más preciosa.
>
> Mas aunque siempre he estado persuadido de que es imposible seguir esta carrera sin sufrir semejantes ataques, nunca podía creer que me estaba preparado uno muy violento desde el punto que la emprendiese de

nuevo en Inglaterra. La idea de que escribía en un país libre me hizo olvidar que me expresaba en una lengua que, por desgracia, aun no lo es bastantemente; y el acordarme de haber dicho verdades en España, favorecido de la opinión pública, me hizo no pensar que no hay público verdaderamente tal para quien habla en un idioma extranjero.

Apenas salió a luz mi primer número cuando me hallé acometido de un modo que me sobrecogió enteramente. Seguro, como yo me hallaba, de la intención recta con que había escrito, de cómo había callado cosas que acaso hubieran dado pábulo a la curiosidad (incentivo muy fuerte para el que escribe) y de que sólo había dicho lo que me pareció que podía contribuir a evitar errores como los que se habían cometido en España, no pude menos de sentir vivamente la oposición injusta y violenta que me declararon varios individuos de mi nación misma. Como el papel no era leído de muchos, les fue fácil pintarlo como quisieron, y lo menos que trataron de esparcir en el pequeño número de personas que aquí sabían su existencia, fue que era dañoso a la causa española, porque no procedía sobre aquel perpetuo optimismo que ha sido el dogma favorito de los que la han perdido.

Yo, que apenas había sentado los pies en Inglaterra, que me hallaba agobiado por el peso de una situación muy triste, y por la melancólica idea de tener que empezar a buscar un modo de vivir en el mundo, cuando había ya años que gozaba los frutos de una honrosa carrera, no fui bastante a resistir por el pronto el ataque, y maldiciendo la profesión de escritor de periódicos, propuse acabar el papel con la subscripción primera, llenando los números hasta cumplirla del modo más indiferente. [6]

Por otra parte, de una carta de Allen se trasluce que el gobierno español, alarmado por el lenguaje revolucionario de Blanco, iba a tomar alguna disposición contra él o su periódico. Así era, en efecto.

El 1.º de Mayo de 1810 el almirante Ruiz de Apodaca, embajador de España en Londres, dirigió la siguiente carta al Secretario de Estado, don Eusebio de Bardaxí y Azara:

Muy Sor. mío: ayer mismo se ha publicado en esta ciudad el primer número de un papel periódico intitulado el *Español* cuyo autor es Don. Joseph Blanco, Doctoral de la Capilla del Sagrario en Sevilla, que se refugió en Inglaterra con motivo de la irrupción de los franceses en Andalucía. Aunque la afectación estudiada con que algunos días hace se había anunciado en el prospecto, como nacido en Inglaterra, daba pocas esperanzas de que promoviese con el calor y entusiasmo de un verdadero español la gloriosa causa en que nos vemos empeñados, nunca podía persuadirme a que un sujeto criado en España y empleado con distinción por el gobierno, formase el proyecto de calumniar a la Nación, de denigrar a sus legítimos Soberanos y de pintar con los colores más odiosos los heroicos esfuerzos que desde el principio de esta guerra se han estado haciendo para sostener la Soberanía de Nto. Amado Rey, y la independencia nacional. Tal es sin embargo el espíritu de dicho periódico, cuyo primer número empieza con un artículo intitulado *Observaciones sobre la revolución española,* y viene a ser en sustancia una diatriba indecente y vergonzosa contra la Nación en general y varios de sus individuos en particular.

Creo de mi obligación el dar parte de V.E. de este suceso y no me detengo en hacer sobre él mis reflexiones, porque me remito a lo que dice con esta misma fecha Dn. Manuel de Abella, quien debe entrar en más pormenores por ser un asunto tan conexo con el principal objeto de la comisión que le ha traido a esta Corte. Dios guarde... [7]

No sabemos lo que diría don Manuel Abella en su informe, que no figura en los archivos donde se conserva la carta anterior. Pero seguramente, por su misión en Inglaterra, él fue quien debió facilitar al embajador los datos referentes a Blanco. Todos erróneos. Abella, académico y erudito laborioso, diestro en aclarar cronicones medievales, no era por lo visto capaz de exactitud en cosas más cercanas. Ni Blanco fue doctoral de ninguna Capilla del Sagrario, ni había nacido en Inglaterra. Y todo esto el embajador y su asesor se lo comunicaban a don Eusebio Bardaxí, que sabía quién era Blanco mejor que ellos.

No menos extraño es el comentario del embajador al artículo sobre la revolución española. Lo que disgustó a muchos no fueron las ideas expuestas allí por Blanco, ni aun el tono violento contra la fenecida Junta Central, sino más bien su falta de oportunidad por la repercusión que pudiera tener sobre la opinión pública en momentos tan críticos. Pero nadie que supiera leer pudo haber dicho, como Ruiz de Apodaca, que aquello era una "violenta y vergonzosa diatriba contra la Nación", cuando el autor lo que había querido exaltar era precisamente la Nación frente a sus despóticos gobiernos, de acuerdo con el patriotismo jacobino que lo inspiraba. En el fondo, la reacción del embajador, dando un manotazo a lo que le molestaba (aquel cuadro donde los únicos triunfos correspondían al pueblo y todos los fracasos a sus gobernantes) prueba por sí misma cuán intolerable resultaba, para quienes no habían conocido más que formas autoritarias de gobierno, la crítica política, la oposición abierta que el periódico de Blanco iniciaba por primera vez en la historia española, antes de que las próximas Cortes decretasen la libertad de imprenta.

La Embajada española no se limitó a poner en conocimiento del Secretario de Estado la aparición del subversivo periódico de Blanco, sino que procedió de inmediato a impedir su difusión. El 23 de mayo enviaba una nota al Sr. Bardaxí participándole

haber escrito al Capitán General de Galicia para que cuando llegue a la Coruña el buque español *Los Dos Hermanos* procure interceptar los ejemplares del *Colombiano* y del *Español*, así como la persona de Cortés, que parece se dirige a nuestras Américas con miras revolucionarias. [8]

El Colombiano, periódico fundado en Londres por el venezolano Francisco de Miranda, apareció en Marzo de 1810, poco antes que *El Español,* y dejó de publicarse en mayo. Con Miranda colaboró un español, Manuel Cortés, activo revolucionario en España y América desde la conspiración de San Blas en 1796. [9]

Ni con Miranda ni con Cortés tuvo nada que ver Blanco. Es cierto que en los últimos números de *El Colombiano* se reprodujeron y comentaron favorablemente sus "Reflexiones" sobre la revolución española. La afinidad ideológica bastó para que el Gobierno español considerara a unos y otros igualmente peligrosos, y el embajador en Londres aprovechó la primera ocasión para matar dos pájaros de un tiro.

Al principio Bardaxí ordenó a la Embajada que estuviera "a la mira" para observar la conducta y relaciones de Blanco; mas como el periódico prosiguiera su curso antigubernamental, la Regencia decidió intervenir, y el 18 de Agosto de 1810 expidió una Real Orden prohibiendo la circulación del *Español* en América. Es decir, antes de que llegaran a su conocimiento los comentarios de Blanco sobre la revolución de Caracas.

Las primeras noticias de la intervención de la Regencia las recibió Blanco en la segunda quincena de septiembre. En carta a Lord Holland del 25 de ese mes, después de referirse a la resonancia que su periódico parecía tener en España añade:

> *Meantime, I must inform you that the Regency has passed a note against me. This I know to a certainty. You can guess from this their inclination to establish the liberty of the press. Mr. Wellesley has spoken to me, and my determination has been to write a letter to the Marquis, giving him thanks for the protection he bestowed on my work, by ordering one hundred copies, but giving up also my claim to the continuation of this favour, if it can give birth to the least misunderstanding. I will go on steadily; reason, cold reason will be my language; but I will face those petty tyrants of the Regency even if I were to be reduced to the last corner of the earth. I hope this government feels no inclination to molest me; but in such case I am confident from your goodness and friendship, you will direct me how to sustain my claims. I have now a certificate about my family, and I beg you will let me know which is the law in favor of the grandsons of British natives.* [10]

La existencia de una nota oficial contra él, cuyo carácter y alcance desconocía, alarmó a Blanco. Previó —y no se equivocaba— que el gobierno español, en estrecha alianza con el inglés, intentaría algún paso en Londres para reducirle al silencio. Bastaba alegar que las críticas de Blanco minaban la autoridad gubernamental o que perjudicaban a la

causa común contra los franceses. Pensó entonces
protegerse sacando a relucir su ascendencia, como
nieto de irlandés.[11]

Por otra parte, la carta revela que la ayuda que
desde el primer momento quiso obtener de la Secretaría de Relaciones Exteriores, la había al fin
conseguido. El marqués de Wellesley que, como
vimos, se mostró al principio indiferente ante la
nueva publicación, había luego ordenado una sus-
cripción por cien ejemplares. No era mucho, teniendo en cuenta los centenares a que estaban suscritas
algunas casas comerciales anglo-españolas. Además,
esto ocurría cuando el periódico, conocido ya a un
lado y otro del Atlántico, tiraba de mil a dos mil
ejemplares al mes. Blanco, con todo, para quedar
en libertad de acción ante el ataque de la Regencia,
piensa escribir al Secretario de Relaciones Exteriores renunciando a las suscripciones con que le había
favorecido.

A la carta de Blanco contestó Lord Holland con
justificada inquietud. Se apresura desde luego a pro-
meterle ayuda, pero conociendo el temperamento de
su amigo, teme que después de enfrentarse con el
gobierno español choque igualmente con el inglés.
Y le aconseja que proceda él mismo con el espíritu
de moderación que predica a españoles y americanos. He aquí sus palabras, escritas apresuradamente
desde Portsmouth:

> *I have but one moment, but will not defer answering*
> *your question though I have not my books here. An*
> *act past in William the Third's time declaring the sons*
> *of English protestants born abroad natural born sub-*
> *jects. Subsequently (I think in George the 2nd's time)*
> *this advantage is extended to the sons of the sons so*
> *born, but thus far it extends only to protestants. Since*

*that period however a law has passed to entitle cath-
olics to the advantages expressed in William's act, and
the question is whether that indulgence extends by
inference to the amended act which includes grandsons.*

*I hope however you will have no occasion to try any
such question and am persuaded that with very little
prudence it may be avoided. I should be very sorry
indeed if you were to do anything disagreable much
less hostile to the views of our Government and if I
may venture to advise you I should strongly recom-
mend conciliation with them. I would not decline their
favours until they withdraw them and though it is very
essential to your independence not to say anything you
do not think in your journal, it is quite consistent with
it to regulate the mode of saying what you do think
to the taste and wishes of those in power and where
the thing is not of very great importance and very
pressing to postpone the discussion of it.*

*Your journal is doing much good, and I cannot but
apprehend that were our Government to become ac-
tually hostile to it its circulation would be diminished,
if not stopped at all, and that good consequently de-
feated. Unless therefore requests are made of you which
if complied with would defeat all the good purposes of
your publication, you would be sacrificing a certain
good by an open breach with our Government. Whether
they withdraw their order for 100 copies or not I hope
that you will take care in any communication you have
with Lord Wellesley to convey to him strong assur-
ances of your willingness and anxiety to attend to the
wishes of the Government and to promote the chief and
original object of your publication, viz. a union of senti-
ments and a mutual confidence between all that remains
of the Spanish Empire and Great Britain — what you
preach so well to Spain and America I am very anxious
to preach to you, viz. conciliation and forbearance.* [12]

Al acusar recibo de esta carta, Blanco dice que se propone consultar a un abogado, aunque espera no tener que valerse de sus posibles títulos como descendiente de súbditos ingleses por estar dispuesto a seguir (aunque de mala gana) los consejos de Lord Holland:

> *I hope I shall never be in need to avail myself of such privileges, for I won't forget the* moderation *and* fobearance *you have taught me to insist upon; though I feel how difficult a task it is to keep within these limits, when my enemies spare no kind of arms against me, and bestow upon my name and character every sort of abuse.* [13]

De todos modos Blanco escribió a Lord Wellesley reiterando la posición política de *El Español* y renunciando a las suscripciones de la Secretaría de Negocios Extranjeros. Documento que por su importancia hubo de redactar no en inglés, como sus cartas a Lord Holland, sino en español:

> Exmo. Señor: Quando uno trata de expresar los íntimos sentimientos de su corazón, solo su lengua nativa puede satisfacerle. V. Ex.ª que tanto amor ha manifestado a la España, espero que me escuchará gustoso en su idioma.
>
> Quando por la entrada de los franceses en Sevilla, me ví arrojado de mi casa, privado de mi empleo, y de quanto tenía en el mundo, juzgué que siendo la pluma la sola arma con que podía servir a España, más útil podría serle saliendo de ella, que permaneciendo en los estrechos asilos a que se veían reducidos los patriotas. La Inglaterra se había ofrecido siempre a mis ojos como mi natural refugio. Mi familia paterna en todas sus ramas y conexiones pertenecía a estos reinos, y yo había nacido en España rodeado de objetos que por toda mi vida me han recordado mis relaciones con

este pais glorioso. Vine, pues, a él, y renové el género de servicio que antes había ofrecido a mi patria, escribiendo lo que según mis alcances juzgaba que le convenía. V. E. me honró con su protección, favoreciendo la publicación del *Español* con su orden para que la Secretaría de Negocios Extrangeros tomase cien exemplares. Así he seguido hasta ahora, quando ha llegado a mi noticia que el Gobierno de España, nada acostumbrado a la libertad de la prensa, se manifiesta incomodado de ver en su idioma la exposición de opiniones que no son las suyas. El habérseme asegurado que han dado alguna especie de quexa al gobierno de S. M. B. me hace temer que acaso pueda estar el de España en la errada inteligencia de que yo escribo dictado; y como no se me oculta la delicadeza de las transacciones políticas, tengo fundada razón para creer que la bondad de V. E. usa respecto de mí en mandar tomar los cien ejemplares, puede causar algún inconveniente en asuntos tan importantes. Mi respeto profundo al gobierno de S. M. B. y mi agradecimiento a V. E. me dictan representarle: 1.º que estoy pronto, si así conviene, a declarar que el gobierno de S. M. B. no inquirió mis opiniones para socorrerme, que le bastó saber que era español leal y desgraciado; y que constituido yo en esta independencia, sólo he seguido en mis opiniones políticas el dictamen de mi razón propria. 2.º Que penetrado de reconocimiento por el socorro que en tomar cien ejemplares de mi obra me ha prestado este gobierno por medio de la bondad de V. E., desde ahora lo renuncio gustoso, si el disfrutarlo ha de ser causa del más pequeño compromiso entre los dos gobiernos.

Cesara aquí de molestar la atención de V. E., si la veneración que le tributo, y el deseo de manifestarle un testimonio de ello, no me impeliese a dar en una palabra el compendio de mis opiniones sobre la América Española, origen de todo el escándalo. [14] Las Américas deben siempre formar un cuerpo político indivisible con la España. El modo de conseguirlo, en las

actuales circunstancias, es permitir que, reconociendo
por rey a Fernando 7.º, nombren aquellos pueblos gobiernos económicos interiores, y manden sus diputados
a las Cortes de España, para que de común acuerdo
nombren el centro de unidad de la monarquía o la
representación de Fernando 7.º su soberano. A esto he
añadido que la opresión, el predominio y las hostili-
dades tendrían funestos efectos respecto de esta unidad
apetecida.

Bástame añadir, que si mi deber me obliga a privar-
me del socorro que V. E. concedió bajo el título de
escritor público, jamás podré renunciar la benigna consideración que pueda merecerle por mi situación actual,
y mucho más por la causa que me ha traido a ella, que
es la de España. Soy... [15]

No sabemos si esta carta fue enviada a su desti-
natario después de las advertencias de Lord Holland.
En todo caso Lord Wellesley no hizo retirar la
subscripción a *El Español.*

Meses después el texto de la prohibición ordenada por la Regencia, inserto en la *Gaceta de Méjico,*
llegaba a manos de Blanco, quien lo reprodujo y
comentó en el número XI de *El Español* (28 de Febrero de 1811). La Real Orden que el Secretario de
Estado comunicaba al Virrey de Méjico, decía así:

Exmo. Sr.: Cortés y Blanco, dos españoles de mala
intención, complicado el primero en la causa del albo-
roto del día de San Blas, y eterno adulador el segundo
de Don Manuel Godoy, se han refugiado en Londres,
en donde pasan el tiempo publicando dos periódicos,
conocidos con el nombre de *Colombiano* y el *Español.*
Como en estos impresos se habla muchas veces sin tino
de los asuntos de la Península, y que maliciosamente
se vierten especies subversivas de todo buen orden, y
de aquella unión que sola puede salvarnos, ha dispuesto
S. M. se prohiba en esas provincias la libre circulación

de ambos periódicos, y me manda trasladarlo a V. E.
para que conformándose a esta soberana resolución,
disponga lo conveniente a su cumplimiento...

Conviene recordar que en Febrero de 1811 la Regencia que dio esta orden había dejado ya de existir, y que otros acontecimientos políticos y otros
ataques ocupaban la atención de Blanco; aun así
aquella disposición le hirió vivamente, entre otras
cosas por su tono, por la desconsideración personal
que suponía, y por venir de un ministro como Bardaxí, para quien Blanco no era un desconocido. He
aquí su réplica:

Lectores: Su Majestad la Regencia, la hija legítima
de la Junta Central, la que estrenó su poder prendien-
do arbitrariamente a varios individuos del cuerpo soberano que le dió origen; la que los conservó en prisiones por muchos meses sin juzgarlos ni oirlos, al
tiempo que repartía honores a otros centrales sin examen alguno de su anterior conducta; la que para desmentir una orden expedida con su aprobación, puso en
arresto a su Ministro de Indias y al primer oficial de
la secretaría de aquel ministerio; [16] la que intrigó con
el mayor ardor para que no se reunieran las Cortes, o
para llenarlas de sus hechuras; la que cuando éstas se
instalaron, apenas pudo sobrevivir pocos días; la que
ni desunida ha sido tolerada en Cádiz por las Cortes,
y cuyos individuos se han visto salir de aquella ciudad
como incompatibles con la libertad o la tranquilidad
de aquel asilo; la Majestad de esta Regencia condes-
cendió en secreto seis meses ha a honrar al *Español*
con su desaprobación y a envanecer a su autor con
sus dicterios.

La persecución de libros por los gobiernos de España
ha sido tan común y era tan propia de los que en la
revolución ha tenido hasta ahora, que no fue menester mucha perspicacia para anunciar la prohibición del

Español desde muy temprano. Pero ni yo mismo, aunque íntimamente persuadido del carácter débil y opresor al mismo tiempo de aquella regencia, pude creerla tan miserable que a todas sus faltas añadiese la más degradante de todas en una corporación que se llama Majestad, quiero decir la falta de decoro.

Prohibir el *Español* por contener principios contrarios a los que al gobierno le parecía que debieran propagarse, hubiera sido un acto de despotismo; pero prohibir el *Español* no en España, no en Cádiz, sino en países distantes para poder hacer a su autor personalmente odioso, esparciendo contra él calumnias de la clase que diseminadas por particulares se llaman murmuración, cuentos, chismes, es un punto de degradación increíble, no ya en un gobierno, pero ni en caballeros que hayan tenido educación de tales.

Cuando salió el número IV del *Español*, [17] cuantos escribían en Cádiz, y aun los que nunca habían tenido tentación de ser autores, cayeron sobre el nombre de Blanco, quien a cara descubierta debía recibir los ataques de los que sin dar el suyo querían aprovecharse del furor injusto que había excitado el *Español* en aquella población comerciante. Varios de estos papeles he visto; pero ninguno he hallado que tache mi conducta anterior, ni que quiera inspirar desprecio contra mi persona. Tan al contrario es, que de ellos hay que empiezan llenándome de elogios, y procediendo después sobre la falsa idea de que yo trataba de separar de España a los americanos, se duelen de la necesidad de hacerme objeto de sus invectivas. Estaba reservado al Gobierno de España mandar a dos mil leguas de distancia su soberana declaración de que Blanco es un español de mala intención, eterno adulador de Don Manuel Godoy, y usando de la palabra ambigua *refugiado,* darles a entender que era un fugitivo con alguna causa abierta, que evitaba castigo huyendo a paises extranjeros. Vergüenza da de llamar la atención hacia el pequeñísimo aunque muy estudiado artificio con que para inspirar desprecio se me llama Blanco en un instrumento público, sin que preceda mi nombre, ni el comunísimo distintivo que no me puede quitar ningún Bardaxí por Excelentísimo que sea.

La forma degradante usada en el texto oficial hubiera ofendido a cualquiera otro español; no digamos a un colegial mayor del siglo XVIII y magistral de la catedral de Sevilla. Esto por lo que hacía a su dignidad personal. En cuanto a los demás calificativos, Blanco añade:

Pero este pobre gobierno que tan pequeñas y prohibidas armas se abate a usar contra un individuo, ¿no ve que su detracción de Blanco es un elogio involuntario que dan a su caracter y conducta? Al ver el encono que respira el decreto, es preciso confesar que no habrán perdonado medio de escudriñar la vida de este Blanco que les asusta en Londres, para hallar las tachas más negras con que caracterizarlo. Gracias a la perspicacia del oficial de Secretaría a quien se encomendaría este encargo (a no ser que, considerada su importancia, haya ejercitado en él su pluma el Excelentísimo Señor Ministro que firma) se halla que Blanco... es de *mala intención*. ¡Qué penetración! Blanco había vivido treinta y cinco años en España, y por vida suya y de cuantos le han conocido, que ninguno había sospechado tal descubrimiento. Blanco ha tenido y tiene muchos defectos, y nadie está más convencido de esto que él mismo; pero acaso no hay entre ellos uno que no nazca de una disposición enteramente contraria a mala intención. Pero ¿no es una gloria para Blanco que el gobierno de su patria, empeñado en tildarlo, no haya encontrado otra cosa de que valerse que de sus intenciones? ¿Hay alguna acción en su vida que demuestre o que indique esa malignidad, esa mala intención que le dan por carácter? No, porque seguramente no la habría olvidado la Regencia. Luego esa mala intención, que tan positivamente se le atribuye por una declaración soberana, no puede nacer de otra cosa que de una intención mucho más maligna, a no ser que los Regentes se hubiesen dado a estudiar al famoso Gall o a Lavater, y fallasen por cráneos y fisonomías.

A continuación la emprende Blanco contra la principal acusación política, o sea su relación con Godoy:

> Pero aguardad, que más adelante está el delito. El Sor. Cortés (que tal creo que debería llamarse), a quien determinó la Regencia darme en todo por compañero, se halló —según ella— complicado en la conspiración de San Blas; y por consiguiente era necesario hallar otra cosa en que complicar a Blanco, aunque no sea más que por guardar simetría. ¿Cuál había de ser? Una en que por desgracia se hallan complicados, con pocas poquísimas excepciones, la Grandeza de España, su Clero, su Magistratura, su Ejército, su Marina, su Nobleza, su Estado Llano, y en que por mayor desgracia es indispensable incluir a los más de los individuos de la Regencia, y de que no se puede excluir a su Excelentísimo Secretario. Tal es la *adulación de Don Manuel Godoy.*
>
> Si no creyera indecoroso en un hombre que habla al público descender a lo que una Regencia de España e Indias no se ha avergonzado en un decreto, yo tomaría la lista de los que se hallan en poder y en empleos, y a pesar de que nunca he sido cortesano, ni he sabido mucho de la crónica escandalosa de la Corte, yo encontraría los verdaderos *eternos aduladores* de Don Manuel Godoy. Pero sí desafío a cuantos hayan tenido necesidad de acercarse a aquel favorito, a que comparen su conducta con la mía, a la vista de cuantos me han conocido en Madrid, y dejo al público que decida quién debe avergonzarse.

Blanco después de exponer a continuación las circunstancias que le llevaron a colaborar, sin remuneración, en el Instituto Pestalozziano de Madrid en 1807, termina diciendo:

He aquí la confesión de cuantas acciones de mi vida han tenido relación con el Príncipe de la Paz, a quien no he hablado tres veces en toda ella, de quien no he recibido el más pequeño beneficio ni empleo, siendo él tan fácil a concederlos en mi carrera. ¿Mas qué empleo había de conceder a quien nada le pidió? Está la España llena de sus hechuras; se sabe que nadie se sostenía en empleos de importancia sino a costa de sumisiones perjudiciales a la nación entera; existen en mando los que entonces lo estaban; ha estado al frente del pueblo español quien ha dado el nombre del *Almirante* a edificios públicos, y le ha erigido trofeos; y el gobierno de España, el mismo en que se hallaba esta persona, el mismo que mantenía en Londres como partida literaria avanzada contra Blanco a un poeta de oficio del Príncipe de la Paz, este Gobierno le llama *eterno adulador de Godoy.*

Con esta alusión a Arriaza acaba la réplica a la acusación de adulador de Godoy. Blanco pasa luego al calificativo de "refugiado" y a su falta de tino como escritor público:

Sí, soy un *refugiado*; pero no de las leyes; he respetado hasta las que he mirado bárbaras en mi país, y han hecho la infelicidad de mi vida. Estuve en mi puesto, y serví a la España con las armas que mi educación y profesión me habían dado, a pesar que desde el principio de la contienda ví que nuestros mayores enemigos no se habían pasado a los franceses. Miles de disculpas tenía para quedarme en mi casa, esperando como otros el fin de todo, en indiferencia. Huí de los franceses; mas no para someterme a otra especie de tiranía, no para someterme a la Regencia que me ha perseguido. Teniendo que buscar una segunda patria, Inglaterra de-

bía serlo para mí antes que otra. Hablaba su lengua
desde mi niñez, veneraba sus instituciones, y ansiaba
por gozarlas, siempre que no se opusiesen a mis primeros deberes. Si hubiera creído que serviría de algo a
mi patria permaneciendo en Cádiz, seguro estoy que
no la hubiera abandonado. Ese mismo Gobernador de
México, a quien debí mil distinciones cuando lo era
de Cádiz, cuyas calidades personales y luces estimé
como debía, a quien compadezco ahora viéndolo hecho
ciego instrumento de una guerra bárbara, y de órdenes
tan vergonzosas como la que ha tenido que publicar
contra mí, a ese mismo me acerqué cuando pedí mi
pasaporte al tiempo de venirme a Inglaterra, y al anun-
ciarle mi determinación añadí: *a no ser que pueda servir aquí de algo*. Un cumplimiento digno de sus mo-
dales fue la respuesta; mas concluyó: *yo le aconsejo
a Vd. que siga su destino*. La Regencia probó con su
conducta que acerté en mi determinación. Me refugié
en Londres por no adularla para obtener un empleo
con que subsistir en Cádiz; me refugié, porque bajo su
opresión no podría vivir aquí de mi trabajo; me refugié,
porque bajo su gobierno sólo por una especie de milagro y muy a su pesar se podrían reunir las Cortes; me
refugié, porque preví que tal habían de dejar a la España que las Cortes mismas apenas gozarían del poder
que necesitan para librarla.

Aquí empecé a escribir, y la Regencia, ignorante de
este país e incapaz de concebir el poder de las leyes
que en él se respetan, se quejó de mí a este gobierno,
y pretendió que su espíritu intolerante e inquisitorial
penetrase hasta este único asilo de la libertad de Europa.
Yo no pretendo entrar ahora en la defensa de los principios políticos que he manifestado. Errados pueden
ser, pero no son maliciosos. A haberlo sido ¡cuántas
armas tenía para vengarme de aquel injusto y débil gobierno, que no podía dañarme! Examínense, sí, examínense todas las páginas de mi periódico y se verá que
en consideración a la España, que no tenía otro centro

que la Regencia, jamás escribí un rasgo en contra de
ella: defendí su legitimidad, buscando rodeos a falta
de razones; hablé de ella en términos de respeto, aun
cuando cometió los mayores absurdos; procuré distraer
a los americanos de los argumentos con que la ataca-
ban; callé, en fin, las intrigas con que estaban que-
riendo impedir las Cortes, por no escandalizar a las
Américas, y por no destruir los medios de conciliación
que presentaban respecto de la metrópolis.

Me glorio de haber conservado en mi periódico estos
testimonios de mi respeto a los intereses de España,
que no pueden atribuirse a otra cosa, no habiendo en
mí motivos de adulación o miedo respecto de su gobierno. Sobre estos hechos formarán juicio de mis intenciones, los imparciales ahora, y mis contrarios mismos
de aquí a algún tiempo. Por lo que hace al *tino* con
que he hablado de los asuntos de España, yo me so-
meto gustoso al juicio que de mí formare el público;
pero desprecio altamente el de un gobierno que tanto
desatino ha cometido manejándolos.

NOTAS

1 *Life of the Rev. Joseph Blanco White,* III, 322.
"El Gobierno no parece dispuesto a apoyar a *El Español*.
Todas las gestiones que Mr. Wellesley ha llevado a cabo con
su padre, en mi favor, han resultado hasta el momento in-
fructuosas, y no creo que la aparición del primer número haga
cambiar de parecer al Marqués, ya que lo más probable es
que nunca llegue a leerlo."
2 Puede leerse en mi *Antología de obras en español* de
Blanco, Barcelona, Labor, 1971.
3 Papeles de Blanco White. Biblioteca de la Universidad de
Liverpool.
Tenemos cartas de Cádiz, del 31 de mayo, en las cuales se
menciona que el primer número de *El Español* ha gozado de
la más alta aprobación en aquella ciudad. Quintana y Páez
opinaron que vuestras críticas a la Junta eran severas aunque
justas. Se espera con gran ansiedad la aparición de vuestro
segundo número, y se recela que en él podáis decir algo que
irrite a la Regencia o sirva de pretexto para prohibir la publi-

cación. En pocas palabras, se desea que seáis *suaviter in modo fortiter in re.*

⁴ Ibídem.

Desde que dejásteis Holland House he recibido una carta de Quintana, y lamento decir que el primer número de *El Español* ha creado en Cádiz una impresión un tanto diferente de la que con anterioridad os mencioné, y muy diferente de la que produjo en mi ánimo y en el de Mr. Allen.

Al parecer, Quintana cree que tendrá la virtud de que la gente de aquí y la de cualquier otra parte se disguste con la causa española, y opina que la crítica al anterior Gobierno de la Junta Central no es solamente severa, sino injustamente severa. En lo que se refiere a la primera objeción, creo poder contestarla basándome tanto en mi propia experiencia particular como en lo observado en otras personas, y haré cuanto pueda para borrar esa impresión de su mente; en lo que se refiere a la segunda, y después de releer cuidadosamente vuestra publicación, confieso que mucho me gustaría poder asegurar a Quintana que os proponéis hacer algunas excepciones a vuestra crítica global, ya que opino que en sinceridad y justicia hay que admitir que alguno de los miembros de la Junta, y Jovellanos en particular, fueron uniformemente contrarios al sistema de retención del poder y que, sea cual fuere vuestra opinión particular en cuanto al momento y modo en que ellos pudieron haberlo rendido a otra forma de Gobierno, Jovellanos, ya en la primera reunión del Gobierno Central, presentó un documento apremiando la necesidad de dar semejante paso y recomendando la concentración del poder ejecutivo y la subsiguiente convocatoria de las Cortes. Este documento está en mi poder y queda totalmente a vuestra disposición para leerlo y, si lo juzgáis oportuno, para publicar lo esencial del mismo. Me parecería justo que algo semejante, ya que se ha omitido en vuestro primer número, se publicase en vuestro segundo porque, según están ahora las cosas, todos los miembros de la Junta quedan indistintamente implicados en vuestra crítica y expuestos ante España y América como seres indignos de confianza.

⁵ *Life,* III, 323-324.

No me ha sorprendido conocer la opinión de Quintana sobre el primer número de *El Español* pues, aunque me honro profesando sus mismos principios políticos, nunca hemos estado de acuerdo en sus consecuencias, especialmente en aquéllas aplicables a la Junta Central. El carácter sincero y abierto de Quintana le induce a creer que es igual el de otras gentes que saben arteramente falsearlo. A mi juicio, así ha ocurrido con su gran amigo D. Martín de Garay. No existe argumento en este mundo que pueda inducir a Quintana a considerar a Garay como un intrigante, ya que él mismo jamás será capaz de serlo. Quintana ha visto a la Junta Central a través de la descripción del Sr. Garay, y por tanto es imposible que llegue a considerar correctas mis opiniones. Aunque puedo dar esta interpretación a una crítica tan severa como la que ha expuesto acerca de mi publicación, lamento que mi buen amigo añada que ésta pueda provocar disgusto hacia la causa española, siendo así que mi única intención ha sido la de suscitar indignación hacia un mal gobierno, con el fin de que la opinión pública esté alerta contra cualquier otro de igual género que pueda aparecer en las presentes circunstancias. Ciertamente yo hubiera hecho la apología de aquellos dignos miembros de la Junta que nunca tomaron parte en los propósitos maliciosos de los demás miembros, si hubiera tenido oportunidad para ello cuando escribí mi primer número. Siento el más alto respeto por las virtudes y sabiduría de Jovellanos, pero hubiera parecido parcial si, al hacer su apología, hubiera omitido mencionar a algunos otros que, aunque de méritos menos descollantes, son quizás tan inocentes como él de la mala conducta de la Junta. Por un principio de honor, él prefirió hacer en secreto sus reclamaciones, y cuando yo examiné la conducta de la Junta sólo pude hablar de aquello que había aparecido ante los ojos del pueblo.

[6] *El Español,* I, 488 489.

[7] Archivo de Simancas, Secretaría de Estado, Legajo 8173.

[8] Archivo de Simancas, Secretaría de Estado, Legajo 8173.

[9] Sobre Cortés hay datos en la introducción de Pedro Grases a los *Derechos del hombre y del Ciudadano,* Caracas, 1950, p. 105 y sig.

[10] *Life,* III, 330.

Mientras tanto, debo informaros que la Regencia ha cursado una nota en contra mía. Lo sé con certeza. Con esto podéis imaginar la inclinación que sienten hacia el establecimiento de la libertad de prensa. Mr. Wellesley ha hablado conmigo, y he tomado la determinación de escribir una carta al Marqués agradeciéndole la protección prestada a mi trabajo al encargar cien ejemplares, pero también renunciando a mis pretensiones de que este favor continúe, si ello puede dar pie al más mínimo malentendido. Proseguiré con constancia; mi lenguaje será el razonamiento, el frío razonamiento; pero me enfrentaré con esos mezquinos tiranos de la Regencia aunque con ello me vea reducido al último rincón de la tierra. Espero que este Gobierno no se sienta inclinado a molestarme; pero si así fuera, confío en vuestra bondad y amistad para dirigirme en el modo en que debo apoyar mis demandas. Ahora tengo un certificado relativo a mi familia y os suplico me digáis cuál es la ley que favorece a los nietos de nativos británicos.

[11] El padre de Blanco, contra lo que suele creerse, nació ya en Sevilla.

[12] Papeles de Blanco White, Biblioteca de la Universidad de Liverpool.

Apenas dispongo de tiempo, pero no quiero retrasar mi contestación a vuestras preguntas, aunque no tengo aquí mis libros. Un decreto promulgado en tiempos de Guillermo III declara súbditos naturales a los hijos de protestantes ingleses nacidos en el extranjero. Posteriormente (creo que en tiempos de Jorge II) este beneficio queda extendido a los hijos de los hijos así nacidos, pero hasta aquí se concede únicamente a los protestantes. Sin embargo, desde aquellos tiempos se ha promulgado una ley que otorga a los católicos los mismos derechos que se expresan en el decreto de Guillermo, y la cuestión es saber si esta concesión queda extendida por inferencia a la enmienda del decreto que incluye a los nietos.

Espero, sin embargo, que no tengáis ocasión de llevar adelante semejante asunto y estoy persuadido de que con un poco de prudencia se podrá evitar. Sentiría mucho que hiciérais algo desagradable, y peor aún hostil, a los ojos de nuestro Gobierno y, si se me permite el consejo, yo os recomendaría vivamente la conciliación. Yo no declinaría sus favores hasta verme privado de ellos y, aunque es esencial para vuestra independencia el no decir en vuestro periódico nada en lo que no creáis, es conveniente regular el modo en que hayáis de expresar vuestros pensamientos al gusto y deseos de aquellos que están en el poder, y posponer la discusión de cualquier tema cuando éste no sea de gran importancia ni muy urgente.

Vuestro periódico está haciendo mucho bien y no puedo evitar el temor de que si nuestro Gobierno le fuera hostil su circulación disminuiría, si no cesaba totalmente, y en consecuencia todo ese bien quedaría anulado. Por tanto, a menos que se os hagan demandas cuyo cumplimiento vaya en detrimento de los buenos propósitos de vuestra publicación, sacrificaríais un bien evidente por un abierto enfrentamiento con nuestro Gobierno. Tanto si retiran el encargo de los 100 ejemplares como si no lo hacen, yo espero que en cualquier comunicación que sostengáis con Lord Wellesley cuidaréis de transmitirle y asegurarle firmemente vuestra buena voluntad y afán en atender a los deseos del Gobierno, fomentando el principal y primordial objeto de vuestra publicación, a saber, la unión de sentimientos y confianza mutua entre todo lo que queda del Imperio Español y la Gran Bretaña— os quiero predicar fervientemente aquello que tan bien sabéis predicar a España y América, es decir, conciliación y tolerancia.

[13] Life, III, 331.

Espero no tener nunca que recurrir a tales privilegios, porque no olvidaré la "moderación" y "tolerancia" en las cuales me habéis enseñado a insistir; aunque bien veo cuán difícil va a resultar la tarea de mantenerme dentro de estos límites, mientras mis enemigos no reparan en utilizar cualquier clase de armas contra mí, y descargan sobre mi nombre y carácter todo género de injurias.

[14] En esto se confunde Blanco, y no es extraño. Cuando escribía esta carta había olvidado su primer artículo, impresionado por los nuevos y virulentos ataques suscitados por su actitud ante los movimientos de independencia en América.

[15] Papeles de Blanco White, Biblioteca de la Universidad de Liverpool.

[16] Quebrantado sensiblemente el comercio de América a consecuencia de la guerra, la Regencia decretó la libertad comercial de aquellas provincias mientras durasen las mismas circunstancias. Pero la Junta de Cádiz se opuso de tal manera que la Regencia se vio forzada a desmentir su propia orden, y a arrestar al funcionario que la había redactado, don Manuel de Albuerne, y al Marqués de las Hormazas, ministro firmante.

[17] Donde daba Blanco su opinión sobre los sucesos de Caracas.

4

Galdós y la burguesía*

En *Luces de Bohemia,* el esperpento que Valle Inclán publicó poco después de morir Galdós, uno de los personajes le dice a Max Estrella que los jóvenes piensan imponer su candidatura en la Academia Española; a lo que otro escritor modernista, Dorio de Gadex, añade: "Precisamente ahora está vacante el sillón de don Benito el Garbancero".

De haber conocido Galdós este calificativo, es posible que le hubiera molestado; pero la verdad es que pudo aceptarlo, y hasta con cierta complacencia, a pesar de su intención literaria denigrante.

El garbanzo es la base del cocido, y el cocido ha sido hasta nuestros días el tradicional alimento no sólo del pueblo bajo sino de la clase media madrileña, a la que pertenecen la mayoría de los personajes que pueblan el mundo novelesco de Galdós. Hasta un filósofo como el amigo Manso gusta del cocido, no obstante la nota de vulgaridad, tan poco especulativa o metafísica, que parece inherente a dicho producto culinario.

---

* *Anales Galdosianos,* año III, 1968.

Si José Joaquín de Mora escribió una oda burlesca culpando al garbanzo de los numerosos males que aquejaban a los españoles, Galdós pudo haber salido en su defensa, al menos por ser el alimento cotidiano de la clase social española a que él pertenecía y con la cual se identificaba.

En uno de los *Episodios nacionales* de la segunda serie, *Los Apostólicos,* Galdós nos presenta así la figura de don Benigno Cordero, comerciante madrileño:

Hombre laborioso, de sentimientos dulces y prácticas sencillas, aborrecedor de las impresiones fuertes y de las mudanzas bruscas, don Benigno amaba la vida monótona y regular, que es la verdaderamente fecunda. Compartiendo su espíritu entre los gratos afanes de su comercio y los puros goces de la familia, libre de ansiedad política, amante de la paz en la casa, en la ciudad y en el estado, respetuoso con las instituciones que protegían aquella paz, amigo de sus amigos, amparador de los menesterosos, implacable con los pillos, fuesen grandes o pequeños, sabiendo conciliar el decoro con la modestia, y conociendo el justo medio entre lo distinguido y lo popular, era acabado tipo del *burgués* español que se formaba del antiguo pechero fundido con el hijodalgo, y que más tarde había de tomar gran vuelo con las compras de bienes nacionales y la creación de las carreras facultativas, hasta llegar al punto culminante en que ahora se encuentra.

La formidable clase media, que hoy es el poder omnímodo que todo lo hace y deshace, llamándose política, magistratura, administración, ciencia, ejército, nació en Cádiz entre el estruendo de las bombas francesas y las peroratas de un congreso híbrido, inocente, extranjerizado si se quiere, pero que brotado había como un sentimiento, o como un instinto ciego, incontrastable, del espíritu nacional.

El tercer estado creció, abriéndose paso entre frailes y nobles, y echando a un lado con desprecio estas dos fuerzas atrofiadas y sin savia, llegó a imperar en absoluto, formando con sus grandezas y sus defectos una España nueva.

Entre otras cosas, el pasaje anterior, escrito en 1879, ofrece un contraste singular no ya con la actitud antiburguesa de la novelística francesa coetánea, sino, dentro de la literatura española, con la de los escritores de la generación siguiente, la del 98, todos los cuales pertenecían a la misma clase social que Galdós.

Para Unamuno, la clase media pintada por Galdós en su obra literaria no pasa de ser un "sainete grotesco". Y Baroja, que llegó a ejercer por un momento la actividad comercial, arremete así contra sus compañeros de oficio en *El árbol de la ciencia*: "¡Qué admirable lugar común para que los obispos y generales cobren su sueldo y los comerciantes puedan vender impunemente bacalao podrido!". Sabido es que para Ortega el comerciante constituye el tipo más despreciable de vida humana.

Galdós no es tan sólo el más cabal exponente literario de la clase media de su tiempo por haber centrado en ella la casi totalidad de su obra novelística. Lo es también porque escribe para ella. De ahí su estilo "agarbanzado" que la estetizante generación del 98 no le perdonará.

No rehuye Galdós el personaje mediocre, ni podía rehuirlo, dada su intención literaria. Como es sabido, el propósito de los *Episodios nacionales* (por lo menos de las dos primeras series) es hacer la historia del español corriente y moliente, de Fulano y Mengano, vulgar a veces, poco inteligente si se quiere, pero con virtudes superiores a las intelectuales (que por otra parte no son, para Galdós, las que más importan).

Si ese español medio constituye la figura más reiterada —si no la más importante— de su novela histórica, a tono con él tendrá que estar la expresión literaria, ya que, según el propio Galdós, visión y estilo están en relación de íntima dependencia. Pero, además, Galdós escribe para aleccionamiento del lector, y ese lector no es otro que el mismo español de la clase media que aparece con tanta frecuencia en las páginas de los *Episodios*.

Lo que para el esteticismo posterior rezumaba vulgaridad, para Galdós era en verdad un doble triunfo, como expresión natural del personaje corriente, y expresión adecuada para la finalidad docente que perseguía; sin que, por su naturalidad, dejara de ser una innovación literaria frente al estilo académico, oratorio y casticista de otros escritores.

Por lo demás, conviene recordar que don Benigno Cordero no es el Mr. Homais de Flaubert ni el don Braulio de Larra. Don Benigno es un lector de Rousseau y un liberal. Ya nos dice Galdós que la clase social a que pertenece nació en Cádiz, y aunque esto no sea del todo exacto, es cierto que burguesía y liberalismo aparecen entonces juntos por primera vez en España.

Mas don Benigno no es simplemente un hombre cuyas ideas políticas le sirven de adorno. El pacífico comerciante se había distinguido combatiendo por la libertad en las calles de Madrid en las jornadas de julio de 1822, y Galdós se complace en destacar su heroismo en el episodio titulado *7 de Julio*.

Una parte del ejército, instigada por el propio rey, intenta apoderarse de la capital y derrocar el sistema constitucional. El gobierno no cuenta apenas con más defensores que la Milicia nacional, formada por gentes diversas del pueblo madrileño, entre las cuales figura don Benigno. Como los demás, se apresta a la lucha, y su acción la describe Galdós en estos términos:

Palarea, a caballo junto a la pieza de artillería, dio un grito horrible, y con el sable vigorosamente empuñado por la trémula diestra rugió órdenes. El comandante de la Milicia que mandaba en aquel punto a los cazadores sintió en su interior un estremecimiento terrible, una rápida sensación de frío, a que siguió súbito calor. Ideas ardorosas cruzaron por su mente, su corazón palpitaba con violencia, su nariz, pequeña, perdió el color, resbaláronsele por la nariz abajo los espejuelos de oro, apretó el sable con el puño, apretó los dientes, y alzándose sobre las puntas de los piececillos, hizo movimientos convulsivos semejantes a los de un pollo que va a cantar, tendiéronsele las cuerdas del pescuezo, púsose como un pimiento y gritó:

—¡Viva la constitución!... ¡Cazadores de la Milicia... carguen!

Era el nuevo Leónidas, don Benigno Cordero. Impetuoso y ardiente, se lanzó el primero, y tras él los cazadores atacaron a la bayoneta.

Antes de dar este paso heroico ¡qué horrible crisis conmovió el alma del pacífico comerciante! Don Benigno no había matado nunca un mosquito: don Benigno no era intrépido, ni siquiera valiente, en la acepción que se da vulgarmente a estas palabras.

Mas era un hombre de honradez pura, esclavo de su dignidad, ferviente devoto del deber hasta el martirio callado y frío, poseía convicciones profundas, creía en la Libertad y en su triunfo y excelencias como en Dios y sus atributos, era de los que preconizaban la absoluta necesidad de los grandes sacrificios personales para que triunfen las grandes ideas, y viendo llegar el momento de ofrecer víctimas, sentíase capaz de ofrecer su vida miserable. Era un alma fervorosa dentro de un cuerpo cobarde, pero obediente.

Cuando vio que los suyos vacilaban indecisos, cuando vio el fulgor del sable de Palarea y oyó el terrible grito del brigadier guerrillero y médico, su alma pasó velozmente y en el breve espacio de algunos segundos de sensación a sensación, de terribles angustias a fogosos enardecimientos. Ante sus ojos cruzó una visión, y ¡qué visión, Dios poderoso! ... Pasó la tienda, aquel encantador templo de la subida a Santa Cruz, pasó la anaquelería, llena de encajes blancos y negros en elegantes cajas. Las puntillas de Almagro y de Valenciennes se desarrollaron como tejidos de araña, cuyos dibujos bailaban ante sus ojos, pasaron los cordones de oro, tan bien arreglados en rollos por tamaños y por precios, pasó escueta la vara de medir, pasaron los libros de cuentas, y el gato que se relamía sobre el mostrador, pasaron en fin, la señora de Cordero y los borreguitos, que eran tres, si no miente la historia, todos tan lindos, graciosos y sabedores, que el buen hombre habría dejado el sable para comérselos a besos.

Pero aquel hombre pequeño estaba decidido a ser grande por la fuerza de su fe y de sus convicciones, borró de su mente la pérfida imagen doméstica que le desvanecía y no pensó más que en su puesto, en su deber, en su grado, en la individualidad militar y política que estaba metida dentro del don Benigno Cordero de la subida de Santa Cruz.

Entonces el hombre pequeño se transfiguró. Una idea, un arranque de la voluntad, una firme aplicación del sentido moral bastaron para hacer del cordero un león, del honrado y pacífico comerciante de encajes un Leónidas de Esparta. Si hoy hubiera leyenda, si hoy tuviéramos escultura y don Benigno se pareciese a una estatua, ¡qué admirable figura la suya elevada sobre un pedestal en que se leyese: "Cordero en el paso de Boteros"!

Un poco más y Galdós hubiera hecho de don Benigno un personaje ridículo, grotesco. No lo es porque la ironía galdosiana, heredera legítima de la cervantina, ama a sus criaturas, cuando son nobles, a pesar de sus flaquezas o locuras. El escuálido Rocinante, caricatura de caballo, no empequeñece el esfuerzo quijotesco, ni don Benigno, entrando en combate con movimientos convulsivos de pollo que va a cantar, deja de ser un héroe del liberalismo español.

Todo cuanto se refiere a don Benigno Cordero, cumplido representante de la clase media liberal de su tiempo, corresponde a la segunda serie de los *Episodios nacionales,* redactada entre 1875 y 1879. Si Galdós hubiera interrumpido entonces, como se había propuesto, los *Episodios,* de esa clase media personificada por el comerciante madrileño no nos habría quedado más que una imagen favorable y optimista. Pero Galdós reanudó los *Episodios* tardíamente, casi veinte años después de haberlos dado por conclusos, y los continuó hasta 1912. Y ocurre que en las nuevas series publicadas, sobre todo en las últimas, su visión ha cambiado notablemente.

Desde luego, nada hay de pujante en la clase media de principios de la Restauración, es decir, de los años en que había redactado los *Episodios* mencionados anteriormente. En 1879, cuando escribía *Los Apostólicos,* la clase media, como hemos visto, ejercía aún según Galdós un poder omnímodo, y como creadora de una nueva España, se imponía vigorosamente a las demás. Ahora, esa misma clase de 1879, vista desde el 1912, se ha convertido en una desmedrada clase de levita y chistera.

Sabrás ahora, mujercita inexperta [dice Tito en *Cánovas*] que los españoles no se afanan por crear riquezas,

sino que se pasan la vida consumiendo la poca que
tienen, quitándosela unos a otros con trazas o ardides
que no son siempre de buena fe.

Cuando sobreviene un terremoto político, dando de
sí una situación nueva, totalmente nueva, arrancada
de cuajo de las entrañas de la Patria, el pueblo mísero
acude en tropel, con desaforado apetito, a reclamar la
nutrición a que tiene derecho. Y al oirme decir pueblo
¡oh Casiana mía!, no entiendas que hablo de la mu-
chedumbre jornalera de chaqueta y alpargata, que ésos,
mal que bien, viven del trabajo de sus manos. Me refiero
a la clase que constituye el contingente más numeroso
y desdichado de la grey española: me refiero a los mí-
seros de levita y chistera, legión incontable que se ex-
tiende desde los bajos confines del pueblo hasta los altos
linderos de la aristocracia, caterva sin fin, inquieta, me-
nesterosa, que vive del meneo de plumas en oficinas y
covachuelas, o de modestas granjerías que apenas dan
para un cocido. Esta es la plaga, esta es la carcoma
del país, necesitada y pedigüeña, a la cual ¡oh ilustre
compañera mía! tenemos el honor de pertenecer.

La clase media es también ahora la de la gente
cursi. "Sigo creyendo —dice en otro lugar de *Cánovas*— que la llamada gente cursi es el verdadero
estado llano de los tiempos modernos". Otras veces
aparece formada por una casta de señoritos. Recuérdese que a don Baldomero Santa Cruz, el activo
comerciante de *Fortunata y Jacinta*, le sucede Jua-
nito Santa Cruz, que ya no es más que un ocioso
señorito madrileño.

En la segunda mitad del XIX todo son síntomas
de decaimiento. Hasta en lo físico. Lucila Ansúrez,
que Galdós hace surgir, o poco menos, como una
diosa antigua de entre las ruinas del castillo de
Atienza, pertenece a la hermosa y fuerte raza de los
Ansúrez, aptos para desenvolverse vigorosamente en

las actividades más diversas; pero su hijo, Vicentito Halconero, delicado e imaginativo, nace ya cojo. Incapaz de jugar como los demás niños, se entregará precozmente a los libros.

El burgués medio representativo de esta época es el segundo marido de Lucila, don Ángel Cordero. He aquí cómo lo describe Galdós:

> Del señor don Ángel Cordero debe decirse que era un paleto ilustrado, mixtura gris de lo urbano y lo silvestre, cuarentón, de rostro trigueño, con ojos claros y corto bigote rubio: carácter y figura en que no se advertía ningún tono enérgico, sino la incoloración de las cosas desteñidas. Sus padres, lugareños de riñón bien cubierto, se vanagloriaban de juntar en él la riqueza y la cultura. Siguió, pues, el tal la carrera de abogado en Madrid, con lo que empenachó cumplidamente su personalidad: tomó gusto a la Economía Política, estudióla superficialmente, haciendo acopio de cuantos libros de aquella socorrida ciencia se escribieron. Con este caudal siguió siendo lugareño, y vivía la mayor parte del año en sus tierras, cultivándolas por los métodos rutinarios y llevando con exquisita nimiedad la cuenta y razón de aquellos pingües intereses... Completan la figura su honradez parda, su opaca virtud y aquel reposo de su espíritu que nada concedía jamás a la imprevisión, nada a la fantasía, y era la exactitud, la medida justa de todas las cosas del cuerpo y del alma.

El contraste entre este Cordero de 1867 y el de 1822 es tan acusado que hace olvidar las semejanzas de clase social que pueden unirlos. Don Ángel es una figura desteñida, gris, sin relieve; hasta sus virtudes son pardas, opacas. Sobre don Benigno tiene la ventaja, si así puede llamarse, de una cierta cultura, pero superficial, y que no le sirve para apartarse de sus métodos rutinarios como agricultor.

En el fondo es un lugareño, un paleto, no un ciudadano como don Benigno, que tiene conciencia de sus deberes cívicos y sabe cumplir con ellos, luchando en su defensa, si llega el caso, con las armas en la mano. Mientras el sonriente y bondadoso don Benigno se dispone al sacrificio personal en aras del bien común, don Ángel, apartado de toda contienda política, no atiende más que a la protección de sus propios intereses. Su símbolo es el paraguas: recordemos aquella colección de paraguas de todas clases, que cuidaba con tanto esmero. Quería protegerse, cubrirse, y a ese afán respondía aquel artefacto protector del individualismo egoísta: no mojarse.

Indudablemente el Galdós que escribe en 1907 no es el mismo de treinta años antes. Y si en la distancia que separa al joven del viejo Galdós influyen nuevas ideas, también las nuevas circunstancias históricas en que le tocó vivir dejaron su huella. Muy principalmente la Restauración, incluyendo por supuesto la etapa de la Regencia, que fue al parecer la más decisiva para él.

Lo que ese período de la historia española significó para las generaciones subsiguientes, puede verse en estas palabras de Ortega y Gasset escritas en 1914:

La Restauración —dice en *Vieja y nueva política,* para repetirlo enseguida en las *Meditaciones del Quijote*— significa la detención de la vida nacional. No había habido en los españoles, durante los primeros cincuenta años del siglo xix, complejidad, reflexión, plenitud de intelecto, pero había habido coraje, esfuerzo, dinamismo. Si se quemaran los discursos y los libros compuestos en ese medio siglo y fueran sustituidos por las biografías de sus autores, saldríamos ganando ciento por uno... Hacia el año 1854 —que es donde en lo soterraño se inicia la Restauración— comienzan a apagarse sobre este haz triste de España los esplendores de ese incendio de energías: los dinamismos van viniendo luego a tierra como proyectiles que han cumplido su parábola: la vida española se repliega sobre sí misma, se hace hueco de sí misma. Este vivir el hueco de la propia vida fue la Restauración.

Anticipándose a Ortega, Galdós en *Cánovas* (1912) caracteriza la política de la Restauración como "una política de inercia, de ficciones y de fórmulas mentirosas". El pensamiento de Cánovas lo cree dirigido a "sofocar la tragedia nacional, conteniendo las energías étnicas dentro de la forma lírica, para que la pobre España viva mansamente hasta que lleguen días más propicios". Y si Unamuno se había referido al "marasmo" nacional, Galdós habla de "la vacuidad histórica que caracterizó aquellas décadas".

Inercia, vacuidad, ficción, todo contribuye a darnos una imagen triste —el "triste país" de Baroja—, silenciosa y aburrida de la vida española: "Un gentío espeso, silencioso y embotado, que a mi parecer personificaba de un modo gráfico el aburrimiento nacional".

Nada, por otra parte, más dramático que este final de los *Episodios nacionales,* vistos en su conjunto como historia española de casi un siglo: tras largos años de intermitente agitación y guerra vamos a parar a una paz no menos infecunda. Galdós, a principios del siglo xx, acaba exhortando a la revolución en términos que recuerdan curiosamente los de algunos liberales jacobinos de principios del siglo xix.

En su senectud Galdós coincide, pues, con los entonces jóvenes escritores del 98 o sus epígonos, al condenar la España de la Restauración principalmente por su estancamiento y vacío, por su falta de energía creadora. Pero como sucede en otros casos, la coincidencia es más bien tangencial. En su concepto dinámico, creador, de la vida y de la política, Galdós no recibió, que yo sepa, el menor impulso nietzscheano.

Galdós fue un liberal sin entusiasmo alguno por el parlamento. La oratoria, tan favorecida en su tiempo, le pareció una debilidad española y sobre todo andaluza. (Recuérdese su ambivalente actitud ante Castelar). Incapaz él mismo, como otros grandes escritores, de perorar en público, la facilidad verbal de sus compatriotas la cree síntoma de incapacidad política. Pues para él, en la vida política, como en toda vida fecunda, lo importante es la acción creadora. En vez de palabras, Galdós quería acciones.

Santiago Ibero, el joven que irrumpe en la vida española por los años de la Revolución de septiembre, dice en una ocasión a su amigo Maltrana:

> No quiero libros ni carreras... Mis libros serán la acción. No siento ningún deseo de conocer, sino de hacer.

Desde los primeros *Episodios,* Galdós fue destacando las figuras de aquellos españoles que de uno u otro modo, movidos por fuerte voluntad de acción, hicieron algo positivo y eficaz. Así, en primer término, el pueblo español en su lucha por el mantenimiento de la nacionalidad frente a Napoleón, ya en su conjunto (*Bailén, Zaragoza*), ya individualmente (*El Empecinado*). Luego vienen tanto Espartero como Zumalacárregui y Cabrera, sin que en este punto, y quizá sólo en éste, se deje llevar Galdós por su patente partidismo liberal. Pues unos y otros, no obstante la diversidad de sus propósitos, lograron cumplirlos por igual, gracias a su esfuerzo y capacidad de realización.

A Baroja le reprochó Ortega y Gasset que en las "Memorias de un hombre de acción" hubiera confundido la aventura con la acción propiamente dicha. Si Aviraneta es más bien un aventurero, los personajes que Galdós admira son en cambio verdaderos hombres de acción, lo mismo cuando actúan como guerreros que como políticos. Así por ejemplo Mendizábal, que sin librar una sola batalla campal, lucha políticamente y logra imponer su voluntad convirtiendo sus intenciones e ideas en actos.

En *El Grande Oriente* Galdós nos hace asistir a una reunión de la camarilla constitucional, formada por destacados políticos (Quintana y Martínez de la Rosa entre otros, apenas disimulados bajo nombres ficticios) para tomar medidas urgentes en relación con el propósito atribuido a los comuneros de asaltar la cárcel y matar a Vinuesa. Pero aquellos ilustres personajes no llegan a adoptar ninguna decisión eficaz.

¡Ay! Desgraciadamente para España, en aquellos hombres no había más que talento y honradez: el talento de pensar discretamente y la honradez que consiste en no engañar a nadie. Faltábales esa inspiración vigorosa de la voluntad, que es la potente fuerza creadora de los grandes actos...

¿Cuál de las dos camarillas —añade más adelante— es más responsable ante la historia: la del populacho, o la de los hombres leídos? No es fácil contestar. La primera, en medio de su barbarie, había resuelto algo en el asunto del día: la segunda, con toda su ilustración, no había resuelto nada.

Ahora bien, ese concepto de la vida como acción tiene en Galdós una raíz liberal-burguesa. Si la clase media puede abrirse paso desplazando vigorosamente a aristócratas y religiosos, dos clases económicamente improductivas, fue justamente por su dinamismo y laboriosidad. El burgués medio no es para Galdós un personaje ocioso, sino todo lo contrario, un hombre activo, creador de riqueza.

Lo peor, pues, que podía ocurrirle a esa clase media, independiente y recelosa siempre por otra parte del poder público, era convertirse en una plaga de oficinistas de levita y chistera, al servicio del aparato gubernamental y sustentándose del presupuesto.

No deja de ser chocante (aparte de considerar a esa clase el contingente más numeroso y desdichado de la grey española) que en el momento en que empezaba a adquirir consistencia la burguesía industrial de Cataluña y Vizcaya, Galdós ni siquiera la mencione. Sin duda, ésta es una de las limitaciones de los *Episodios nacionales* como interpretación novelesca de la historia española en el siglo pasado. Aunque la geografía de los *Episodios* se extienda a veces por diferentes partes de España, lo cierto es que el ámbito político y social se reduce casi totalmente a Madrid. El madrileñismo de Galdós ofrece cierta semejanza, bien que en plano muy diverso, con el andalucismo de Cánovas, que llega al poder veinte años después del Manifiesto de Manzanares, y trata de estabilizar un régimen político sobre la base de la propiedad rural, sin darse cuenta de que la balanza político-económica que hasta mediados de siglo gravitó hacia Andalucía, empezaba a inclinarse del lado de Cataluña y el Norte.

Es lo más probable que para Galdós no pasara inadvertida la presencia de esa nueva burguesía vasco-catalana, sobre todo al escribir los últimos *Episodios,* ya entrado el siglo XX, cuando nadie podía ignorarla. Pero pudo desentenderse de ella y en consecuencia del proletariado industrial, no sólo por ajena a la realidad social del Madrid de entonces, sino también, por la connotación clerical y reaccionaria que la caracterizó desde el principio.

Pues otra de las lacras de la Restauración, a juicio de Galdós, fue su renaciente clericalismo. Aspecto, dicho sea de paso, apenas mencionado en su crítica de la Restauración por los escritores del 98. Y es que la Generación del 98, aunque más decididamente opuesta al catolicismo, y quizás por esta misma razón, es menos anticlerical. El anticlericalismo de Galdós, en cambio, se exacerba a principios de este siglo y se manifiesta notoriamente en los últimos *Episodios nacionales.* Así, en el cuadro desolado y triste de España que traza en *Cánovas,* destaca el amargo desengaño anticlerical del autor viendo que los hijos de aquellos supuestos revolucionarios de la clase media de 1868 acabaron luego educándose en colegios religiosos.

Ahora bien, en ese como en otros *Episodios,* Galdós no comete propiamente un anacronismo. Aprovecha, por decirlo así, una coincidencia. Proyecta sobre el pasado su preocupación presente (el anticlericalismo de la época de Canalejas, uno de cuyos exponentes e iniciadores fue Galdós), pero por otra parte es fiel a la verdad histórica. La invasión de los frailes franceses en la España de Cánovas, a consecuencia de la legislación anticlerical de la República vecina, pudo no tener las proporciones que le atribuye Galdós, pero debió de ser un fenómeno nuevo y sorprendente para los españoles, habituados desde la época de Mendizábal a la ausencia de las órdenes religiosas en la vida cotidiana del país. (Nicolás Estévanez cuenta en sus *Memorias* que en 1877 estando en París como emigrado político, vio por primera vez en la calle "lo que jamás había visto: un fraile".)

Por todo ello no es de extrañar que en los últimos *Episodios,* redactados a principios del siglo xx, Galdós vuelva sus ojos a Europa, concretamente a Inglaterra y Francia, donde la burguesía seguía viviendo al menos dentro de la tradición liberal a que debió su existencia, y fiel por consiguiente al principio de la libertad de conciencia, que constituye el fundamento del anticlericalismo galdosiano.

Ningún *Episodio* más revelador en este respecto que el titulado *La de los tristes destinos.* Sobre el fondo histórico de la Revolución de Septiembre, Galdós ha urdido una trama novelesca en donde nos da, no su visión juvenil de aquel acontecimiento, del que fue testigo, sino su desilusión posterior. Ahora, en 1907, al cabo de unos cuarenta años, da por fracasada desde el primer momento la revolución por no haber producido la transformación verdaderamente revolucionaria que él sin duda hubiera deseado. Así, Santiago Ibero y Teresa Villaescusa, los protagonistas imaginarios de la novela histórica, no pudiendo unirse libremente sin escándalo, ni vivir de su propio esfuerzo, acabarán por huir de España, la España con honra de la vana retórica revolucionaria, hacia la Europa que les brinda libertad de conciencia y trabajo fecundo. La Europa a que se refiere Galdós es la Europa burguesa y creadora de la Exposición universal de París de 1867, y de la gran "colmena laboriosa" de Londres. En esta ciudad viven y han prosperado españoles que en otros tiempos encontraron allí refugio tras las contiendas políticas de su patria: el relojero Losada, Carreras el "tobaconist". Como vemos, aun en pleno centro del capitalismo británico, lo que Galdós sigue destacando es al comerciante, al pequeño burgués.

La burguesía capitalista, que sigue el famoso lema de Guizot "enriqueceos", no es para Galdós más que la expresión de un "glacial positivismo". Y si admira al banquero Salamanca no es por su riqueza sino por su carácter y espíritu emprendedor de "self-made man", que no quedó por lo demás limitado a las finanzas.

Lo que a Galdós le importa como español deseoso del progreso de su país no es propiamente la producción o distribución de la riqueza, sino el trabajo. De ahí su preocupación por la clase media. Al fin y al cabo —recordemos uno de los pasajes de *Cánovas* mencionado antes— el obrero vive de su trabajo, o sea que hace algo positivo y creador, mientras que la depauperada clase media se pasa el tiempo esperando el favor oficial, el empleo público, que es la más infecunda de las ocupaciones.

Ya en *El Grande Oriente* lamenta Galdós que la tendencia democratizante del segundo período liberal (1820-1823) atrajera a la política a gente del pueblo que vivía antes de sus oficios. Lejos de ser esto un bien, como pudiera parecer, lo que ocurrió fue que quienes entraban una vez en la maquinaria gubernamental o representativa, ya no volvían luego al ejercicio de su profesión, en espera de nuevos cargos políticos.

Este mal parasitario es el que vino luego repitiéndose, acrecentado, a lo largo del siglo. Contra él se rebela, en *La de los tristes destinos,* el joven Santiago Ibero, espíritu independiente y emprendedor, y ese es uno de los motivos que le impulsará a salir de España.

Ibero había sido testigo de los preparativos revolucionarios del 68 en París y Londres, había embarcado con el séquito de Prim rumbo a Cádiz, y había presenciado en esta ciudad la proclamación de la Soberanía Nacional que iba a poner fin al reinado de Isabel II. Después de la batalla de Alcolea, acompaña en un tren que se dirige a Madrid al influyente "unionista" Tarfe. Y llega el momento en que este caballero le dice:

> ¡Libertad... España con honra!... Eso hemos gritado... Pues con honra y libertad, ya estás en camino para volver a la sociedad a que perteneces, y en la cual, por tu mérito, te corresponde un puesto, una posición quiero decir... Como ahora estamos en candelero, gracias a Dios, yo te aseguro que para entrada... fíjate, para entrada, puedes contar con una plaza de diez y seis mil reales, ya en Hacienda, ya en Fomento. Pronto te subiremos a veinte mil... No puedes quejarte.
>
> Aturdido por su locuacidad de señorito parlamentario, no se fijó Tarfe en el rostro de Ibero, ni supo leer en él la expresión intensamente despectiva con que escuchada fue la promesa de protección. Irónico, destilando amargura, agradeció Santiago la generosidad del caballero, que a todos los buenos españoles quería dar abrigo y pienso en los pesebres burocráticos. Desde aquel momento, el infeliz Ibero, solo, errante, sin calificación ni jerarquía en la gran familia hispana, miró desde la altura de su independencia espiritual la pequeñez enana del prócer, hacendado y unionista.

Santiago y Teresa acabarán por huir hacia la Europa que en vez de empleos burocráticos y prejuicios sociales y religiosos, les brinda trabajo, libertad y tolerancia.

He aquí, una vez más, un *Episodio nacional* que ofrece la confluencia de una doble visión histórica: de un lado, la revolución de Septiembre de 1868, de otro la España de principios del siglo xx, con sus preocupaciones ideológicas, entre ellas la cuestión religiosa y la europeización.

Un año antes Unamuno había publicado un famoso artículo, en donde contradiciendo lo dicho por él mismo en los ensayos de *En torno al casticismo,* preconizaba la africanización en vez de la europeización de España. (Africanización, dicho sea entre paréntesis, tan europeísta en el fondo como la de los europeizantes, por cuanto, con incongruencia perfectamente unamuniana, se fundaba en antiguos Padres de la Iglesia de formación romana, y en un moderno poeta inglés protestante).

En aquel debate sobre el valor de lo europeo como fuente de renovación española, Galdós no dejó de intervenir al redactar su novela histórica *La de los tristes destinos.* Su punto de vista liberal-burgués está muy claro en el siguiente elogio del Ferrocarril del Norte, digresión irónica que tiene cierto parecido con otras de Baroja:

> ¡Oh ferrocarril del Norte, venturoso escape hacia el mundo europeo, divina brecha para la civilización!... Bendito sea mil veces el oro de judíos y protestantes franceses que te dio la existencia, benditos los ingeniosos artífices que te abrieron en la costra de la vieja España, hacinando tierras y pedruscos, taladrando los montes bravíos y franqueando con gigantesco paso las aguas impetuosas. Por tu férrea senda corre un día y otro el mensajero incansable, cuyo resoplido causa espanto a hombres y fieras, alma dinámica, corazón de fuego... Él lleva y trae la vida, el pensamiento, la materia pesada y la ilusión aérea, conduce los negocios,

la diplomacia, las almas inquietas de los laborantes políticos y las almas sedientas de los recién casados, comunica lo viejo con lo nuevo, transporta el afán artístico y la curiosidad arqueológica, a los españoles lleva gozosos a refrigerarse en el aire mundial, y a los europeos trae a nuestro ambiente seco, ardoroso, apasionado. Por mil razones te alabamos, ferrocarril del Norte, y si no fuiste perfecto en tu organización, y en cada viaje de ida o regreso veíamos faltas y negligencias, todo se te perdona por los inmensos beneficios que nos trajiste, ¡oh grande amigo y servidor nuestro, puerta del tráfico, llave de la industria, abertura de la ventilación universal y respiradero por donde escapan los densos humos que aún flotan en el hispano cerebro!

Historia y novela en Galdós*

A L explicar en unas *Páginas escogidas* de 1918 la
génesis de sus *Memorias de un hombre de acción,*
Baroja terminaba diciendo:

> Algunos han comparado estas novelas mías a los
> *Episodios nacionales* de Pérez Galdós. No creo que
> tengan más que un parecido externo: el que les da la
> época y el asunto. Galdós ha ido a la historia por afi-
> ción a ella: yo he ido a la historia por curiosidad hacia
> un tipo; Galdós ha buscado los momentos más bri-
> llantes para historiarlos; yo he insistido en los que me
> ha dado el protagonista.
>
> El criterio histórico es también distinto: Galdós pinta
> a España como un feudo aparte; yo la presento muy
> unida en sus movimientos liberales y reaccionarios a
> Francia; Galdós da la impresión de que la España de
> la guerra de la Independencia está muy lejos de la
> actual; yo casi la encuentro la misma de hoy, sobre
> todo en el campo.
>
> Como investigador, Galdós ha hecho poco o nada:
> ha tomado la historia hecha en los libros; en este senti-
> do yo he trabajado algo más, he buscado en los archivos

---

* *Cuadernos Hispanoamericanos,* LXXXIV, 250-252, octubre
1970-Enero 1971.

y he recorrido los lugares de acción de mis novelas, intentando reconstruir lo pasado.

Artísticamente la obra de Galdós parece una colección de cuadros de caballete de toques hábiles y de colores brillantes; la mía podría recordar grabados en madera hechos con más paciencia y más tosquedad.

Estas observaciones pueden servir en todo caso para entender la obra de Baroja, mas no la de Galdós.

A primera vista, Galdós parece haber buscado, en efecto, los momentos más brillantes para historiarlos: Trafalgar, Bailén, Gerona, etcétera. Baroja en cambio los desdeña o los silencia. La defensa de Zaragoza frente a los ejércitos napoleónicos la despacha en *Los caminos del mundo* en tres renglones, para decirnos que allí hubo de todo, valientes que quedaron postergados, y otros que sin ser valientes fueron luego celebrados por la posteridad. Pero Baroja sabía o debía saber que el episodio *Zaragoza* no es ninguna glorificación de Palafox, y que los personajes principales no son ni mucho menos los conocidos en la historia militar. El título de *Bodas reales* alude a las de Isabel II y su hermana, los famosos "casamientos españoles" que tanto dieron que hacer a la diplomacia europea de entonces y al gobierno español. Pero los casamientos que más importan en la obra de Galdós, hasta el punto de oscurecer a los otros, son los de las hijas de don Bruno y doña Leandra, dos buenos manchegos que la historia oficial ignora.

Añade luego Baroja que mientras él ha realizado investigaciones propias, Galdós "ha tomado la historia hecha en los libros". Lo que no es muy exacto, como ha probado Hinterhäuser, puesto que otras fuentes, las orales, por ejemplo, no desempeñan escaso papel junto a las librescas.

Con todo, podría admitirse que Galdós se atuvo principalmente a la historia escrita por otros. En realidad, como vamos a ver, no necesitaba más para su propósito. Los títulos de buena parte de los *Episodios nacionales* coinciden efectivamente con los acontecimientos más destacados en la historia "hecha", y claro está que a lo largo de los cuarenta y seis volúmenes de la obra vemos desfilar las figuras que se mencionan en todo manual histórico, por breve que sea: el Empecinado, Zumalacárregui, Mendizábal, Narváez, Prim, Cánovas.

Estos grandes personajes no ocupan, sin embargo, más que una parte, y a veces muy pequeña, dentro del conjunto humano, de la verdadera multitud que puebla las páginas de los *Episodios*. Hay allí muchos otros que no son eminentes ni conocidos de ningún historiador.

Al final del capítulo VI de *El equipaje del rey José* dice Galdós:

Si en la historia no hubiera más que batallas, si sus únicos actores fueran las personas célebres, ¡cuán pequeña sería! Está [la Historia] en el vivir lento y casi siempre doloroso de la sociedad, en lo que hacen todos y en lo que hace cada uno. En ella nada es indigno de la narración, así como en la naturaleza no es menos digno de estudio el olvidado insecto que la inconmensurable arquitectura de los mundos.

Los libros que forman la capa papirácea de este siglo, como dijo un sabio, nos vuelven locos con su mucho hablar de los grandes hombres, de si hicieron esto o lo otro, o dijeron tal o cual cosa. Sabemos por ellos las acciones culminantes, que siempre son batallas, carnicerías horrendas o empalagosos cuentos de reyes y dinastías, que agitan al mundo con sus riñas o con sus

casamientos, y entre tanto la vida interna permanece
oscura, olvidada, sepultada. Reposa la sociedad en el
inmenso osario sin letreros ni cruces ni signo alguno;
de las personas no hay memoria, y sólo tienen estatuas
y cenotafios los vanos personajes... Pero la posteridad
quiere registrarlo todo: excava, revuelve, escudriña,
interroga los olvidados huesos sin nombre; no se contenta con saber de memoria todas las picardías de los
inmortales, desde César hasta Napoleón, y deseando
ahondar lo pasado, quiere hacer revivir ante sí a otros
grandes actores del drama de la vida, a aquellos para
quienes todas las lenguas tienen un vago nombre, y la
nuestra llama Fulano y Mengano.

No es cosa de detenerse ahora en la semejanza,
señalada ya por Clavería y otros estudiosos de Galdós, entre esta visión procedente de la llamada historia interna que se generalizó durante el siglo XIX
y la "intrahistoria" posterior de Unamuno. Lo importante es que Galdós, aun cuando mantiene la historia hecha, esto es, la externa, quiere completarla
con la interna, llegando en su ambición a una historia integral de la nación española que incluya tanto
al personaje ilustre como al desconocido Fulano.

Ahora bien, mientras la historia del gran personaje, de la batalla decisiva o del episodio culminante es bien conocida de todos, la del español desconocido claro está que no figura en ninguna parte
ni hay documentos que la registren. ¿Cómo, pues,
escribirla?

En primer término, Galdós tiene a su favor un
conocimiento poco común de ese pueblo anónimo
cuya vida cotidiana va a incorporar por primera vez
a la historia. Historia, por otra parte, próxima, no
lejana. En segundo lugar, parte del principio de la
identidad sustancial del pueblo español a través del
cambio histórico. El conocimiento más excepcional

no bastaría sin la convicción de que el objeto conocido es hoy el mismo que ayer. Por eso Galdós no
ve inconveniente en atribuir al español de 1820 las
características del de 1870. En el epílogo a la edición
ilustrada de las dos primeras series de los *Episodios
nacionales,* decía así:

> En los tipos presentados en las dos series y que pa-
> san de quinientos, traté de buscar la configuración, los
> rasgos y aun los mohines de la fisonomía nacional,
> mirando mucho los semblantes de hoy para aprender
> en ellos la verdad de los pasados. Y la diferencia entre
> unos y otros, o no existe o es muy débil. Si en el orden
> material las transformaciones de nuestra país han sido
> tan grandes y rápidas que apenas se conoce ya lo que
> fue, en el orden espiritual la raza defiende del tiempo
> sus acentuados caracteres con la tenacidad que pone
> siempre en sus defensas (...). No es difícil, pues, en-
> contrar el español de ayer a poco que se observe el
> que tenemos delante.

Por último, Galdós cuenta con lo más importante: la narración novelesca. Los novelistas atraídos
por la historia, al mismo tiempo que la utilizaban,
han tratado siempre de suplir sus insuficiencias
dando vida una veces a los escuetos datos de la
crónica, enlazando otras lo personal y lo colectivo
y corrigiendo o interpretando a su manera el relato
histórico. La forma narrativa adoptada por Galdós,
en estrecha dependencia con su visión e intento, se
acerca más que nada a la cervantina, que por lo
libre, amplia y flexible le ofrecía abundantes posibilidades para dar entrada no sólo a Fulano sino a
la totalidad de la sociedad española que aspiraba
a presentar.

Galdós quiere abarcarlo todo. El hecho histórico conocido y el incidente ignorado; las acciones militares y las intrigas políticas; hasta el cambio de modas y costumbres, de la vida literaria, de cuanto contribuye a dar el perfil y tono de una época.

El episodio *Mendizábal* gira naturalmente en torno a dicho personaje político en su vida oficial y privada; pero en medio de las reformas que emprendió, tan decisivas en la transformación de la sociedad española de su tiempo, vemos surgir también las figuras de varios escritores coetáneos y de unos personajes imaginarios que encarnan la atmósfera romántica y el afán de libertad que caracterizó aquella etapa histórica.

La pluma de Galdós pasa sin tropiezo de lo grande y solemne a lo minúsculo y cotidiano. Al final de *Los apostólicos* presenciamos en el palacio real de La Granja los acontecimientos de la noche del 18 de septiembre de 1832 en que los consejeros de Fernando VII tratan de arrancar al rey moribundo la firma que despojará a su hija de la corona. Momento, como sabemos, próvido en consecuencias para la nación española. Al empezar, en cambio, el episodio siguiente, *Un faccioso más y algunos frailes menos,* Galdós nos hace deambular por las calles de Madrid, su deporte favorito, para contemplar en compañía de don Benigno Cordero un espectáculo insignificante y curioso:

Estaba [Cordero] frente a una puerta de la citada calle, con la vista fija en un hombre y en un caldero, en una mesilla forrada de latón, en un enorme perol de masa y en un gancho. En el caldero, que era grandísimo, ventrudo y negro, hervía un mediano mar amarillo con burbujas que parecían gotas de ámbar bailando sobre una superficie de oro.

Del líquido hirviente salía un chillón murmullo, como el reír de una vieja, y del hogar, profundo son, como el resuello de un demonio. La llama extendía sus lenguas, que más parecían manos con dedos de fuego y uñas de humo, las cuales acariciaban la convexidad del cazuelón, y ora se escondían, ora se alargaban resbalando por el hollín. El hombre que estaba sobre el cazuelón y sobre él trabajaba, habría pasado en otro país por prestidigitador o por mono, pues sólo estos individuos podrían igualarle en la ligereza de sus brazos y blancura de sus manos. En el espacio de pocos segundos metía la izquierda en el cacharro de la masa; daba en ella un pellizco; sacaba un pedazo, que más parecía piltrafa; estrujaba ligerísimamente aquella piltrafa, haciendo entre sus dedos como un pequeño disco u oblea grande; arrojaba esto al hervidero amarillo, y en el mismo instante, con una varilla agujereaba el disco, haciendo un movimiento circular como quien traza un signo cabalístico. Unos cuantos segundos más, y el disco se llenaba de viento y se convertía en aro. Con un rápido impulso de la varilla echábalo fuera para empezar de nuevo la operación. No será necesario decir que aquellos roscos amarillos, vidriados y tiesos como vejigas, eran buñuelos.

Esto no es simplemente una nota costumbrista, aunque de los costumbristas pudo haberla aprendido Galdós. Tampoco sirve meramente de enlace con el hecho histórico conocido, por participar después ese mismo prestidigitador o buñolero madrileño en la matanza de frailes de 1834. Está ahí, más bien, con toda su insignificancia, como un elemento de la vida de ese pueblo cuyas menudas actividades va sorprendiendo Galdós en sus andanzas callejeras, y que por sí mismo posee ya títulos suficientes para figurar en la historia.

Obsérvese de paso la diferencia de este personaje con otros no menos efímeros que pululan en las

Memorias de un hombre de acción. La figura calle-jera también atrae a Baroja, pero por lo que tiene de singular o extraña frente a la gris uniformidad burguesa, hasta convertirse románticamente en una "figura pintoresca".

Por otra parte Galdós quiere completar con la novela la insuficiencia de la historia usual, ajena a lo privado y afectivo. El episodio *Bailén* puede servir de ilustración.

El título se refiere, claro está, a la memorable batalla de 1808 en donde los ejércitos napoleónicos sufrieron su primera derrota. Historia hecha, por tanto, y en uno de sus momentos culminantes. Gal-dós, a tono con la importancia del acontecimiento, prepara al lector para desarrollar ante su vista el grandioso espectáculo:

> La claridad aumentaba por grados, y distinguíamos los rastrojos, las yerbas agostadas, y después las bayo-netas de la infantería, las bocas de los cañones, y allá a lo lejos, las masas enemigas moviéndose sin cesar de derecha a izquierda. Volvieron a cantar los gallos. La luz, única cosa que faltaba para dar la batalla, había llegado, y con la presencia del gran testigo todo era completo.

Pudiera creerse que Galdós se propone hacer lo contrario que Stendhal al describir la batalla de Waterloo en *La Cartuja de Parma* del modo frag-mentario y único posible que permite la observación de un solo testigo presencial. No es así. Galdós da en efecto el dispositivo de conjunto, mas por otro lado la visión que nos ofrece de lo acontecido es la personal de uno de los participantes, en este caso Gabriel, el personaje novelesco.

Es verdad que, entre otras figuras históricas, aparece la del general Castaños; pero los actores principales son españoles desconocidos con nombres imaginarios, militares y gentes del pueblo, y hasta mujeres que participan de algún modo en la lucha llevando agua a los sedientos combatientes. De esta manera queda destacado el carácter nacional, popular, de aquella guerra, y sin más que aludir de pasada a una Junta, las acciones y conversaciones de todos aquellos españoles que vamos encontrando completan la historia militar con la política, haciendo verdadera la unanimidad de la nación que las Juntas exaltaban por entonces en sus proclamas.

No contento con esto, Galdós quiere mostrarnos igualmente el lado íntimo de aquellos seres, y así vemos a Gabriel, el protagonista de la novela, entregado por un momento, en medio de la batalla histórica, a la lectura de una carta de la mujer que ama, no menos ficticia que él.

Naturalmente, Galdós no tiene más remedio que inventar a esos españoles sin historia conocida. Ellos son lo ficticio, mas también lo histórico. Como han mostrado los críticos de los *Episodios,* desde Casalduero a Hinterhäuser, tanto los personajes como la intriga novelesca, la ficción literaria en suma, tiene un carácter representativo, simbólico. Tan destacado que, en realidad, la historia inventada por Galdós llega a ser más significativa que la historia hecha.

Veamos por ejemplo el episodio *Cádiz.* ¡Qué escaso relieve tiene allí lo estrictamente histórico! Los personajes conocidos, el asedio de la ciudad por las fuerzas francesas, las sesiones de las famosas Cortes, aparecen situados marginalmente, como un desvaído telón de fondo. Y al principio no deja de chocarnos que un liberal como Galdós trate tan desdeñosa o ligeramente aquel momento histórico en que se debatían los fundamentos de la nueva España liberal. Si en otros tipos de novela histórica lo ficticio sirve principalmente para suplir lo que la crónica pasaba por alto, dando así nuevo interés al hecho histórico, en la de Galdós los términos se invierten. Lo que significaron las Cortes de Cádiz en la historia española está expresado implícitamente en la ficción inventada por el novelista: la rígida autoridad de una aristocrática señora, que mantiene a su hija en reclusión casi absoluta, y el rapto frustrado de esa hija por un joven aventurero inglés, simbolizan la visión de la España vieja que caducaba a impulsos de la libertad, y expuesta al mismo tiempo a los riesgos que traía consigo aquel vendaval histórico. Así como en la épica la fábula contenía la verdad poética o moral, en los *Episodios nacionales* lo novelesco nos da el sentido de la historia.

Ahora bien, esa historia que Galdós interpreta valiéndose de la narración novelesca, es o quiere ser, como hemos visto, una historia total; concepción histórico-literaria que con toda su amplitud, digna igualmente de la épica, impone sin embargo limitaciones extraordinarias.

Los personajes ficticios tienen: 1) un ámbito de acción determinado por la historia, del que, por tanto, no pueden salir; 2) un alcance señalado también por la historia, del cual no pueden apartarse sin perder su carácter simbólico.

Por otra parte, la historia como totalidad de vida nacional, condiciona a su vez la invención novelesca. Si la visión histórica fuese menos absoluta, si determinara tan sólo a los personajes estrictamente históricos, los demás, los ficticios, quedarían en libertad para que el novelista los manipulara a su arbitrio (que es lo que hacen otros autores de novelas históricas, Baroja inclusive). Pero en los *Episodios nacionales* todos los personajes están condicionados por la historia, los ficticios no menos que los otros, y en cierto modo más, puesto que ellos son, no obstante su imaginaria realidad, los que constituyen verdaderamente la historia. En lo literario, el símbolo es el obstáculo; en lo histórico, el concepto totalizador de lo nacional. Y uno y otro, por la dependencia en que se encuentran, corren el riesgo de destruirse mutuamente.

Y así ocurre no pocas veces, pagando caro el deseo de incluir en la historia a Fulano y Mengano. Con todo, Galdós no parece sentirse entorpecido por las contradictorias exigencias a que está abocada por su doble naturaleza la novela histórica. Lejos de esquivar dificultades, diríamos que se complace en aumentarlas, apelando a todos los recursos de su arte con tal de darnos una imagen viva, plástica y fuertemente integrada de su visión histórica.

No le basta que el personaje ficticio, la trama novelesca estén ya cargados de significación histórica; la composición, el ritmo y el estilo, todos los elementos de la obra adquieren la misma función expresiva. Los recintos cerrados, la escasez de movimiento en el desarrollo del episodio *El terror de 1824*, nos sitúan ya, sin más, dentro de la atmósfera opresiva que Galdós quiere destacar en aquella época de la historia española, en contraste, por ejemplo, con los desplazamientos de *Prim*, novela de conspiración y aventura.

Lo cual no quiere decir que las dificultades inherentes a la novela histórica le fueran desconocidas o que no intentara resolverlas. Galdós apenas se planteó críticamente, como Manzoni, los problemas con que iba enfrentándose. Pero que tuvo conciencia de ellos lo prueba la misma diversidad de enfoques y procedimientos que utilizó a lo largo de su obra.

En general —fuera de aquellos episodios finales en donde bruscamente la historia desaparece y la alegoría suplanta a la narración temporal—, Galdós se hizo cada vez más exigente, y a medida que trataba de calar más hondo en la vida española, confiaba menos en la posibilidad de alcanzar su objeto. Así lo dice por boca del marqués de Beramendi, al declarar éste irrealizable su propósito de escribir la "historia interna y viva del pueblo, la palpitación que late bajo apariencias superficiales".

De todos modos, su concepto de la historia exigía la fabulación. Una historia de lo grande y lo pequeño, de lo externo y lo interno sólo era posible mediante una escritura no menos amplia que la cervantina —épica, trágica, cómica— capaz de abarcar la multiforme variedad de la vida humana. Por otra parte, a esta necesidad que pudiéramos llamar externa e impuesta por el asunto, se añade en el caso de Galdós otra interna, a la que tampoco podía sustraerse por ser la que de dentro afuera imponía la forma novelesca a la realidad histórica.

Toda visión de Galdós adquiere inmediatamente configuración humana. La vida y el mundo se ofrecen a sus ojos en forma personal. Por eso la naturaleza está ausente en su obra literaria, y no es éste uno de sus menores contrastes con Baroja y la neorromántica generación del 98. Hasta los escasos ejemplos de paisaje que pueden entresacarse de alguna que otra novela no pasan de ser escenarios para destacar mejor la figura del hombre. Así, por ejemplo, la descripción ciertamente admirable de la llanura de la Mancha al principio del episodio *Bailén* acaba por transformarse en las siluetas de Napoleón y Don Quijote, que se alzan gigantescas sobre el horizonte dominando tierra y cielo.

Así también, en forma personal, ve Galdós la historia. *Fortunata y Jacinta* se inicia, como sabemos, con una historia del comercio madrileño; pero ese fragmento de historia económica y social encarna en una persona: Don Baldomero Santa Cruz.

Si hasta esa historia comercial la ve Galdós como algo personal y novelesco, claro está que no podía ver de otro modo la historia de la España moderna. Historia cuyas dramáticas vicisitudes, por otra parte, despiertan en cualquiera, aunque no sea Galdós, la imagen de un personaje que está tratando de realizar su destino entre conflictos permanentes, que no sólo se manifiestan en la acción externa, sino más bien en la intimidad de la conciencia personal.

Volvamos a *El equipaje del rey José,* allí donde hicieron su aparición Fulano y Mengano. En el capítulo XXI, tras narrar la trágica muerte de don Fernando Garrote, añade Galdós por su cuenta:

> ¡Cuántos habrá que al leer las escenas que acabo de referir las hallarán excesivamente trágicas, tal vez hiperbólica la terrible pugna que en ellas aparece entre los lazos de la naturaleza y las especiales condiciones en que los sucesos históricos y las ideas políticas ponen a los hombres! Yo aseguro a los que tal piensen que cuanto he contado es certísimo, y que en el lamentable fin de don Fernando Garrote no he quitado ni puesto cosa alguna que se aparte de la rigurosa verdad de los acontecimientos (...). En cuanto a las circunstancias verdaderamente terribles que acompañaron al último aliento de aquel desgraciado varón, no son tales que deban causar espanto a la gente de estos días [escrito en el verano de 1875], la cual, viviendo como vive en el fragor de la guerra civil, ha presenciado en los

tiempos presentes todos los desvaríos del odio humano
entre seres de una misma sangre y de una misma familia; ha visto rotos todos los vínculos en que principalmente apoya su conjunto admirable la sociedad cristiana
(...). El primer lance de este gran drama español, que
todavía se está representando a tiros, es lo que me ha
tocado referir en éste, que más que libro, es el prefacio
de un libro.

Bien claro está que Galdós se representa la historia de España en el siglo XIX como un gran drama,
el de la guerra civil, y que ésta no es únicamente
para él un cruento y doloroso acontecimiento histórico donde sólo triunfan la muerte y el fanatismo
(en ninguna guerra civil cabe celebrar victorias, aña-
dirá más tarde en *Cánovas*), sino una terrible pugna
entre los lazos de la naturaleza humana y la situación que las condiciones histórico-políticas imponen
al individuo.

Pues el conflicto que la guerra civil provoca no
es exclusivamente público, penetra también en la
esfera privada; no es sólo externo, sino íntimo, y
el drama resultante se desarrolla muchas veces en
las profundidades de la conciencia humana tanto o
más angustiosamente que en el campo de batalla.
¿Qué historia de las contiendas civiles de España,
por completa y lograda que sea, podrá darnos una
idea de lo que sucedió en el alma de los españoles?
Ese drama interior, que no siempre se manifiesta en
actos, ni siquiera se expresa en palabras, sino en
sufrimientos silenciosos, el historiador lo pasará por
alto, mas no el novelista, que es en todo caso el
único que podrá captarlo.

En *Zumalacárregui,* buena parte de la obra consiste en el reiterado monólogo de José Fago, personaje ficticio cuyas andanzas sirven, por un lado,

para presentar al héroe histórico en varias de sus
acciones militares, y por otro, para mostrarnos lo
que Galdós considera esencial: el conflicto entre
principios religiosos y políticos, entre deberes y leal-
tades contrapuestos que alteran la conciencia de
aquel personaje y acaban en último término por
destrozarlo física y moralmente.

Y aún hay más, porque la narración de Galdós
no suele moverse en un solo plano. Fago es un
eclesiástico, y no por azar. La interpretación de la
historia española que Galdós nos va dando en los
Episodios nacionales podrá desecharse parcial o totalmente; sus puntos de vista pueden parecernos
limitados; su justificación, errónea. Pero nadie podrá negarle atisbos penetrantes y observaciones que
por lo menos no suelen encontrarse en los historiadores. Fago, en *Zumalacárregui,* y Marcela, en *La
campaña del Maestrazgo,* están diciendo con su sola
presencia lo que dijeron algunos carlistas y Galdós
repite, aunque desde otra perspectiva: que las guerras civiles fueron también guerras de religión.

Las guerras que conoció Europa tras la escisión
protestante del siglo XVI son las que se produjeron
en España en el XIX, al aparecer tardíamente formas
de disidencia que rompían por primera vez la unidad
político-religiosa de la nación después de tres siglos
de creencia única y excluyente.

Entonces reaparece el clérigo combatiente, fenómeno singular en la historia del cristianismo, sólo
explicable por las Cruzadas, cuyos últimos representantes alcanzan aún la Revolución francesa —Balzac
los lleva a su novela *Les Chouans*—, pero que en la
Europa del siglo XIX es ya un anacronismo deto-
nante.

Figura, por otra parte, opuesta a la propia tradición española de los tiempos modernos, que marcan, como la Compañía de Jesús, no obstante su militar denominación, la separación definitiva entre la acción material y la espiritual, entre el guerrero y el religioso. El obispo Acuña, al frente de sus trescientos clérigos en la guerra de las Comunidades, es una reminiscencia feudal en la España de su tiempo.

El eclesiástico con las armas en la mano, tan destacado en las guerras españolas del siglo XIX, desde el cura Merino hasta Santa Cruz, significa en el fondo la reversión a un pasado remoto. Galdós no anduvo, pues, muy lejos de la verdad histórica dando a sus páginas novelescas sobre la campaña de Cabrera en el Maestrazgo, un aire entre primitivo, religioso y medieval.

6

El siglo XIX en la historia y la literatura*

No hace muchos años, un historiador de la literatura pudo referirse al siglo XIX español llamándole "el gran desconocido".

Para quienes iniciamos la vida de estudio bien entrado el presente siglo, la historia del anterior carecía en absoluto de interés. En primer término por ignorancia. Ya en la enseñanza escolar estábamos acostumbrados a que el "programa de la asignatura" no se cumpliera nunca del todo; con la invasión napoleónica y la heroica guerra de la independencia, a lo sumo, se acababa indefectiblemente el curso.

Luego, por nuestra cuenta, en esa labor autodidacta que todo español tenía que realizar para suplir mejor o peor las deficiencias de la enseñanza "oficial", podíamos echar mano de algunos de aquellos mamotretos que las librerías del padre o del abuelo solían contener: las Historias de Mariana y de Lafuente con sus prolongaciones. Pero buscando

* Prólogo al libro colectivo, editado por Clara E. Lida e Iris M. Zavala, *La Revolución de 1858. Historia, pensamiento, literatura,* Nueva York, Las Americas Publishing Company, 1970.

más bien entrar en detalles de lo que ya conocíamos que acercarnos a lo desconocido. En verdad, obras dedicadas al XIX como la Historia de Pi y Margall no eran frecuentes. Un manual innovador, que sí utilizamos, el de Rafael Altamira, no pasaba del siglo XVIII.

A la ignorancia se unía el desprestigio. Entre quienes contribuyeron a darnos una idea poco favorable de aquel siglo y de sus hombres figuraban precisamente los escritores considerados por entonces como los maestros espirituales de la época: Ganivet, Unamuno, Ortega.

Bien puede decirse, aunque su autor no lo diga así explícitamente, que el *Idearium* de Ganivet es una condenación total del siglo XIX español. Siglo, a sus ojos, no sólo infecundo por haber transcurrido en perpetua guerra civil, sino indigno de ser tomado en consideración, ya que "una nación que vive un siglo constituyéndose no es nación seria". Lo único al parecer serio fue el guerrillerismo a que dio nacimiento, pues, aunque Ganivet lo mira con no menos recelo que a los pronunciamientos, en fin de cuentas viene a convertirlo, con escasa congruencia, en uno de los elementos fundamentales del carácter español a lo largo de la historia. Tanto Cervantes y Velázquez como el Gran Capitán son para él ejemplos de guerrilleros españoles, incapaces por naturaleza de someterse a disciplina y organización. Imagen de un falso individualismo muy favorecido fuera de España, fruto quizá del romanticismo, e insistentemente afirmado hasta nuestros días, no obstante desmentirlo hechos tan diversos como la Inquisición, la Guardia Civil y hasta las corridas de toros.

Por otra parte, Ganivet, a pesar de tener delante un modelo extranjero al medir la escasa seriedad o solidez de la historia reciente española, tampoco parece muy afecto a la Europa decimonónica en sus realizaciones más características. El desarrollo industrial y técnico, el espíritu científico y capitalista, el liberalismo sobre todo —como ya notó Azaña—, le repugnan. Eso explica su condenación del XIX español, en donde al fin y al cabo todos se embarcaron en busca del mismo rumbo de progreso, unos con reforma política y otros sin ella.

De ahí también el mito del español puro, que no se sabe bien en qué consiste ni dónde se encuentra, pero sí que hay que buscarlo no fuera, sino dentro, *in interiore Hispaniae*. Como el senequismo español, no inventado ni siquiera por Séneca, puesto que lo encontró ya hecho. En la Hispania romana del primer siglo de nuestra era, Sierra Morena despedía al parecer efluvios filosóficos.

Lo que a Ganivet le importa principalmente, según dice, es

> sacar a la luz las fuerzas que no se agotan nunca, las de la inteligencia, las cuales existen latentes en España y pueden, cuando se desarrollen, levantarnos a grandes creaciones que satisfaciendo nuestras aspiraciones a la vida noble y gloriosa, nos sirvan como instrumento político, reclamado por la obra que hemos de realizar. Desde este punto de vista, las cuestiones políticas a que España consagra principalmente su atención sólo merecen desprecio.

Y aunque esto nos parezca, además de erróneo, de una imprecisión notable, no hay por qué negarle a Ganivet su papel de iniciador. Con él y sus coetáneos se inicia la separación entre el escritor y el

político que en la España del XIX, como en otras
partes, habían convivido sin desdoro de su obra
personal y pública.

En el fondo, esa desvaloración de la política, que
había de continuar por largo tiempo unida a esas
otras nobles aspiraciones creadoras, responden en
Ganivet a un espiritualismo estetizante y nacionalis-
ta, también de larga descendencia, en virtud del cual
la verdadera significación de la historia hay que
buscarla en las grandes obras de arte:

> Si contrastamos el pensamiento filosófico de una obra
> maestra de arte con el pensamiento de la nación en
> que tuvo origen, veremos que, con independencia del
> espíritu del autor, la obra encierra un sentido, que pu-
> diera llamarse histórico, concordante con la historia na-
> cional: una interpretación del espíritu de esta historia.

Siendo así que el XIX no produjo ningún genio
creador de obras maestras, si se exceptúa a Goya,
que Ganivet no menciona, ni pertenece plenamente
al siglo, claro está que no vale la pena tomarlo muy
en serio.

La actitud de Unamuno, no obstante otras discre-
pancias, vino a coincidir en más de un punto con la
de su amigo Ganivet, cuyas ideas también condu-
cían a la "africanización" y al "que inventen ellos".
Y aunque Unamuno tenía más resabios decimonónicos que otros de su generación, por sus gustos
literarios y por su individualismo religioso y político, también él contribuyó no poco al desprestigio
del XIX.

En su primera obra importante, los ensayos *En
torno al casticismo*, casi al principio del capítulo
inicial, Unamuno reproduce una frase de Prim que
dice así: "Destruir en medio del estruendo lo exis-

tente". Estas palabras las trae a colación al desarrollar su concepto de la intrahistoria. Valiéndose de la imagen del mar, encrespado y variable en la superficie, quieto y permanente en el fondo, Unamuno, frente a los que meten bulla en la historia, opone la inmensa humanidad silenciosa y constante de la vida intrahistórica, que es, a su juicio, la que constituye la sustancia del progreso y la verdadera tradición.

Ahora bien, lo que Prim dijo verdaderamente en su proclama a los españoles, en la bahía de Cádiz, a bordo de la fragata *Zaragoza,* el 18 de septiembre de 1868, es lo siguiente:

> Destruir en medio del estruendo los obstáculos que sistemáticamente se oponen a la felicidad de los pueblos, es la misión de las revoluciones armadas; pero edificar en medio de la calma y reflexión es el fin que deben proponerse las naciones que quieren conquistar con su valor su soberanía, y saben hacerse dignas de ella conservándola con su prudencia.

Unamuno no ha sido, naturalmente, el único escritor que al citar de memoria altera más o menos la expresión original. Pero aquí no se trata de haber transformado "los obstáculos que sistemáticamente se oponen a la felicidad de los pueblos" en "lo existente", nada menos, sino de haber suprimido deliberadamente lo que seguía. Con el objeto de afirmar la existencia de una "tradición eterna" que anule o supere los conceptos habituales de tradición y progreso, buscando así, al modo hegeliano, una síntesis que resuelva la contraposición histórica española de carlismo y liberalismo, Unamuno no duda en mutilar el pasaje de la proclama de Prim y falsear totalmente su sentido. Y por si fuera poco, le llama bullanguero —"aquel bullanguero llevaba en el alma el amor al ruido de la historia"—, y hasta añade que "repitió muchas veces aquellas palabras", lo que tampoco puede ser cierto. Quien repitió varias veces durante muchos años la falsa cita de Prim fue Unamuno, como el mentiroso que reitera con frecuencia su embuste para acabar creyendo que es verdad.

No hay por qué, ni vendría ahora a cuento, reivindicar la figura de Prim. El renombre político de que gozó largo tiempo en toda Europa pudo deberse incluso a circunstancias fortuitas, como la de su muerte; pero es forzoso admitir que quien pronunció en el Senado aquel memorable discurso en donde justificaba, contra el parecer de su propio Gobierno, los motivos que tuvo para ordenar la retirada de la expedición de México, no era simplemente un Narváez, y mucho menos un bullanguero.

Con todo su liberalismo, tan fluctuante y ambiguo como sus crisis religiosas, Unamuno no contribuyó ciertamente, ni en este ni en otros casos, a dar prestigio a quienes mejor lo representaron en el siglo XIX.

Si de Unamuno pasamos al maestro de la generación inmediata, Ortega y Gasset, no esperemos de él mayor interés por el XIX, sino todo lo contrario. El desdén de Ortega por ese siglo fue, por decirlo así, sistemático, y por otra parte general, puesto que no se limitaba a España.

Desde el principio, su labor intelectual en la cátedra, el libro o el periódico, que tan decisiva había de ser en la formación de muchos jóvenes españoles, se dirigió a repudiar aquella etapa histórica, cuya superación era indispensable para quien quisiera ser verdaderamente "moderno". Una de las colecciones filosóficas que inició con el objeto de completar el muestrario del pensamiento contemporáneo que iba ofreciendo en las páginas de la *Revista de Occidente,* se titulaba "Biblioteca de Ideas del Siglo XX". Ni el anterior, ni menos el XVIII español, eran períodos históricos que llamaran su atención. Sorprendido por la que prestó a Feijoo y su época Gregorio Marañón, éste hubo de justificarla con una afirmación elemental: de allí arrancaba, a su parecer, la España moderna.

La posición de Ortega nada tenía que ver, por supuesto, con el nacionalismo monárquico y las declamaciones que por entonces lanzaba Leon Daudet contra "el estúpido siglo XIX". Tenía origen filosófico y tendía a una renovación fundamental en todos los órdenes de la cultura. Por otra parte, en relación con la vida española, omnipresente en las *Meditaciones del Quijote* y otros escritos de 1914, Ortega, movido por una preocupación patriótica, trata de contestar a una magna pregunta: ¿Qué es España?

Para hallar respuesta no había que ir en busca de ninguna tradición —aunque fuera, como la de Unamuno, nueva y diferente de la venerada por los tradicionalistas—, sino contar a la inversa la leyenda de la historia de España a fin de encontrar los pocos lugares donde se percibiera el puro e intenso latido de la raza y su estilo de vida. Una de esas experiencias esenciales es Cervantes: "He aquí una plenitud española. Si supiéramos con evidencia en qué consiste el estilo de Cervantes, la manera cervantina de acercarse a las cosas, lo tendríamos todo logrado".

Así dice en las *Meditaciones.* Se comprende que en esa búsqueda de plenitud intelectual, de vida intensa, el joven Ortega reprodujera lo que poco antes, en su conferencia "Vieja y nueva política", había dicho de la Restauración, época exangüe y paralítica. Pero en esa condena de la España de Cánovas se salva por contraste la España anterior del XIX. Reproduzcamos una parte de esa página, ya clásica:

> La Restauración significa la detención de la vida nacional. No había habido en los españoles durante los primeros cincuenta años del siglo XIX complejidad, reflexión, plenitud de intelecto, pero había habido coraje, esfuerzo, dinamismo. Si se quemaran los discursos y los libros compuestos en ese medio siglo y fueran sustituidos por las biografías de sus autores, saldríamos ganando ciento por uno. Riego y Narváez, por ejemplo, son como pensadores, ¡la verdad!, un par de desventuras; pero son como seres vivos dos altas llamaradas de esfuerzo. Hacia el año 1854 —que es donde en lo soterraño se inicia la Restauración— comienzan a apagarse sobre este haz triste de España los esplendores de aquel incendio de energías; los dinamismos van viniendo luego a tierra como proyectiles que han cumplido su parábola; la vida española se repliega sobre sí misma, se hace hueco de sí misma. Este vivir el hueco de la propia vida fue la Restauración.

Llamarada de esfuerzo, energía, dinamismo; la valoración vitalista de Ortega ya está aquí presente. Admirador también de la energía individual, el nietzscheano e inconformista Baroja había iniciado poco antes sus *Memorias de un hombre de acción* en torno a Aviraneta.

Claro está que de "aquellos coroneles y generales, tan atractivos por su temple heroico y su sublime ingenuidad, pero tan cerrados de mollera", como dice Ortega en *España invertebrada,* no podían salir ideas luminosas ni fecundas, sino "pronunciamientos". Y el castizo pronunciamiento —del que hace

Ortega un breve análisis tan perspicaz como erróneo, por prescindir del contexto histórico— no es a su juicio más que una manifestación de aquella acción directa excluyente derivada del particularismo que desde hace siglos caracteriza el proceso de desintegración de la sociedad española.

No es, sin embargo, el capítulo de los pronunciamientos el más adverso al siglo XIX en *España invertebrada,* sino el que trata de la magia del "deber ser", el vicio fundamental del progresismo, que consiste en operar mágicamente sobre la historia planteando las cuestiones políticas y sociales desde un punto de vista moral o de justicia, y tratando en consecuencia de resolverlas no ateniéndose a lo que las cosas son, la sociedad es, sino a lo que debe ser. Ésta fue una verdadera "aberración de los siglos XVIII y XIX", pues antes que justa, una sociedad debe ser sana, es decir, una sociedad donde funcionen normalmente la minoría ejemplar y la masa dócil.

Ahora bien, como a lo largo de la historia de España apenas se atisba la existencia de esa salubridad, como la sociedad española parece estar enferma no sólo en los tiempos modernos, sino desde mucho antes, Ortega desearía tener autoridad sobre los jóvenes capaces de dedicarse a la investigación histórica, para recomendarles "que dejasen de andar por las ramas y estudiasen los siglos medios y la generación de España".

Entre las instituciones creadas en nuestro siglo con el objeto inmediato de suplir las deficiencias de la universidad española en las tareas de investigación, pocas tuvieron el valor y la eficacia del Centro de Estudios Históricos.

Establecido en 1910 bajo la dirección de Ramón Menéndez Pidal, representó un paso más en la

misión educadora general que se habían propuesto
varios discípulos o seguidores de Francisco Giner
de los Ríos. Muy en primer término José Castillejo,
en cuyas manos estuvo, de hecho, la Junta de Ampliación de Estudios desde su fundación en 1907, y
a cuya colaboración, iniciativa o consejo se debieron, aparte de centros de carácter científico como
el Instituto Cajal de Histología y el de Física y Quí-
mica, dotado por la Fundación Rockefeller, otros
organismos como la Residencia de Estudiantes en
1910, bajo la dirección de Alberto Jiménez, y el
Instituto Escuela en 1918, ensayo de renovación de
la enseñanza media.

No está de sobra recordar ahora tales nombres y
fechas. El espíritu de la Institución Libre de Enseñanza, es decir, el de los krausistas que colaboraron
en la revolución del 68 y se negaron a aceptar la
imposición confesional y política de Cánovas en
1875, es el que reaparece y se afirma, más o menos
subrepticiamente, en los primeros años del reinado
de Alfonso XIII, bajo gobiernos liberales, y logra
reconocimiento con la República de 1931, tras haber
corrido algún riesgo durante la Dictadura de Primo
de Rivera.

Los años de la primera guerra mundial inician
notables cambios en la vida española. El 1917, año
de la huelga general revolucionaria del mes de agosto, de la asamblea de parlamentarios y de las Juntas
militares de defensa, marca en realidad el principio
del presente siglo en lo político y social.

Un nuevo estilo de vida se hizo perceptible en
otros aspectos. Ortega, abandonando *El Imparcial,*
que había dirigido su padre, Ortega Munilla, pasa
a inspirar *El Sol,* el diario que empieza ese mismo
año de 1917, cuyo nuevo tono intelectual iba acom-

pañado de una omisión significativa, la ausencia de informaciones taurinas. Mientras la Residencia de Estudiantes representaba el contraste con la tradicional casa de huéspedes, y Juan Ramón Jiménez, con su labor diaria —*ohne Rast aber ohne Hast*—, y hasta con su impecable atuendo, el final de la bohemia poética, el Centro de Estudios Históricos venía a ser, entre otras cosas, claro está, el final de la bohemia erudita, sustituida por el método riguroso, el dato documentado y la cita exacta.

La historia, tanto política como literaria o artística, cultivada por el Centro de Estudios Históricos no podía ser la reciente. Su director era ya bien conocido por sus estudios medievales, a los que aportó por primera vez en España el rigor de la filología románica. Sus trabajos de más empeño iban a tener el mismo campo: *Orígenes del español, La España del Cid,* el *Romancero.* Otro eminente colaborador del Centro, Manuel Gómez Moreno, publicó un estudio fundamental sobre las Iglesias mozárabes.

En su disciplina, Menéndez Pidal caía también dentro de la tendencia neorromántica de algunos escritores del 98 y, por consiguiente, de su nacionalismo cultural. Menéndez Pidal creía en el *Volksgeist.* El anonimato no tenía razones históricas o sociales; era más bien indicativo del carácter popular de la literatura española.

Uno de sus colaboradores más inmediatos y fecundos, Claudio Sánchez-Albornoz, fue y ha continuado siendo hasta nuestros días un medievalista. Hasta Américo Castro, otra figura de relieve propio en la institución, empezó recogiendo documentos lingüísticos del siglo x. Luego vendría, en 1925, su *Pensamiento de Cervantes,* obra renovadora en los estudios de la literatura española del Siglo de Oro, en que habían de acompañarle sus jóvenes discípulos José F. Montesinos y Dámaso Alonso, dedicados principalmente a Lope de Vega y Góngora, así como Valdeavellano seguiría en la historia medieval los pasos de su maestro Sánchez-Albornoz.

La obra del Centro de Estudios Históricos se orientó, pues, como vemos, hacia los orígenes y épocas de plenitud de la cultura española. En unos casos por ser mal conocidas, en otros por requerir un nuevo acercamiento que las hiciera verdaderamente comprensibles. Había que reeditar, por ejemplo, el teatro antiguo, y no tan sólo por su valor intrínseco. El Lope de la Real Academia, y sobre todo el continuado por Cotarelo Mori, dejaba mucho que desear. En aquel hacinamiento de textos era difícil saber en ocasiones lo que el autor había escrito realmente. Acá y allá saltaban vocablos desconcertantes, tal el famoso "estugofotulés". Fue necesario que Gómez Ocerin, siguiendo a un hispanista alemán, corrigiera "está gafo, tal es" para que cobraran sentido las palabras de Lope. [1]

Hay, sin embargo, en esta época, con todo su desdén o indiferencia por el XIX, alguna excepción importante. Dejando para luego la de dos escritores imaginativos, Baroja y Valle-Inclán, señalemos en primer término la de Manuel Azaña.

Sus ensayos políticos y literarios no solamente revelan un conocimiento de los hechos poco común entre gentes de su edad, sino una comprensión mucho más rara del valor histórico que tuvieron en la formación de la España moderna. Había, claro está, algún que otro escritor de su misma generación, como, por ejemplo, Álvaro de Albornoz, que estaba tan familiarizado o más que él, probablemente, con la historia política. Pero Albornoz hablaba de Narváez o citaba a Castelar como si se tratara de personajes contemporáneos, dando la impresión, en aquel tiempo a que me refiero, de un superviviente, de alguien que venía de otro mundo. Albornoz era un republicano "histórico", como se denominaba curiosamente por entonces a los continuadores del republicanismo del XIX.

No así Azaña, aunque acabó siendo republicano y hasta presidente de la República. Azaña era hombre moderno y de su tiempo, por más que algunos creyeran lo contrario, confundiendo la última moda política con la modernidad. Las expresiones al uso no hacían mella en él. "El siglo XIX está muy lejos de ser estúpido. Es peligroso poner en circulación una tontería en Madrid; arraiga como sus feas acacias", decía en 1930 en un discurso en que trazó la historia de las tres generaciones del Ateneo que precedieron a la suya.

Con el Ateneo de Madrid, creación típica del primer liberalismo español, aparece vinculado el nombre de Azaña, que fue su presidente cuando el descrédito general de tantas instituciones decimonónicas alcanzaba también a la "docta casa". Principalmente por seguir representando un acercamiento de la inteligencia a las cuestiones políticas, de las que muchos jóvenes intelectuales de entonces se habían alejado. Cuando poco después de su aparición en 1927 la *Gaceta Literaria* se dirigió en encuesta pública a varios escritores para dar a conocer su actitud política, un joven poeta contestó lacónicamente no disculpándose, sino mostrando con satisfacción su total ignorancia en la materia.

Es cierto que las cosas iban a cambiar pronto, o mejor dicho, estaban ya cambiando, y que el final de la Dictadura marca el principio de una nueva politización del intelectual. Mas la distancia que desde el 98 en adelante había existido era todavía muy grande, y una de las razones que tuvo Azaña para enfrentarse con Ganivet y los regeneracionistas se debió justamente al menosprecio que mostraron por la acción política como instrumento de renovación de la vida nacional. No es que renunciaran unos u otros, como bien sabemos, a intervenir en la vida pública, ni podría decirse tal cosa de un Unamuno y menos de un Ortega; pero su participación, más de mentores que de actores, tenía en todo caso un carácter individual, al margen de las organizaciones políticas existentes y de la responsabilidad del poder.

Estaba, por otra parte, muy divulgada la idea de que el valor de la obra personal, de la realización de cada uno en su especial campo de estudio era muy superior y más fecunda para el mejoramiento de la vida española en su conjunto que toda ideología o acción política. Creencia general entonces en Europa, muy particularmente en la Alemania profesoral, cuyo apoliticismo tan caro habían de pagar quienes lo mantuvieron, y cuyo influjo en la cultura española de aquellos años fue tan visible.

También en esto Azaña, fiel a una formación política y literaria nada germanizante, constituye la excepción. Por eso justifica las actividades políticas del Ateneo de Madrid.

Se dirá —ya me lo han dicho— que esta fase de la actividad del Ateneo rompe la disciplina mental, quebranta la especialización, inexcusable si ha de hacerse algo bueno en la vida. Yo no lo entiendo así. No se pretende que el jurista, el biólogo, el filósofo, el poeta, prostituyan su trabajo profesional llevándolo a fines bastardos, extraños al puro objeto de su ciencia o su arte. Se pretende que especialistas a su hora, sean hombres a todas. Y puesto que en su cualidad de hombres los constituye, entre otros, el hecho de pertenecer a una sociedad en trance de disolución y reforma, se pretende que la inteligencia pura explore esta parte de su humanidad verdadera, la entienda, la articule, la promulgue con el celo y la suficiencia conquistadas en su oficio propio. Del sujeto que rehúsa mezclarse en las agitaciones del vulgo, so pretexto de vivir en esfera sublime, yo desconfío: de su capacidad, si en efecto nuestras preocupaciones no le importan, y veo en ello, antes que distinción, señal de mengua y cortedad de espíritu; de su carácter, si se esquiva y retrae a una abstención prudente por ventaja personal o por librarse de la incómoda refriega. Nada es más urgente en España que el concurso de la inteligencia pura en las contiendas civiles.

Es curioso observar que mientras los profesionales de la historia política o literaria se desentendían del siglo XIX, a éste volvían sus miradas dos escritores que figuran en la llamada generación del 98. Apenas Galdós dio por terminados los *Episodios Nacionales,* iniciaba Baroja sus *Memorias de un hombre de acción,* que había de proseguir durante largos años. Valle-Inclán, cuya guerra carlista es de 1908-1909, publicaba en volumen en 1922 la *Farsa y licencia de la reina castiza,* y cinco años después, *Viva mi dueño,* primera narración novelesca de la serie titulada *El Ruedo Ibérico,* que hubo de quedar interrumpida con su muerte. Así, pues, entre 1898 y 1930 el vacío historiográfico sobre el siglo XIX vino a llenarlo literariamente la novela histórica. A la cual debieron con seguridad no pocos españoles de la primera mitad de nuestro siglo casi todo lo que pudieron saber del anterior.

Huelga decir que los motivos del acercamiento al XIX por parte de Galdós, Baroja y Valle-Inclán fueron no menos diversos entre sí que su enfoque histórico y su estilo literario. Pero de todos modos tuvieron en común una actitud más consecuente que la de otros escritores del 98. En éstos la impotencia y el fracaso del siglo XIX —guerras civiles, inestabilidad política, ineficacia estatal, carencia de pensamiento y de creaciones artísticas superiores—, en contraste con el desarrollo y plenitud en todos los órdenes de otras naciones europeas y con la grandeza española en tiempos más lejanos, condujeron a la reflexión y examen de los "males de la patria" o del "problema de España". Pero esta posición crítica, en vez de dirigirse al estudio de ese siglo precisamente, que tan a las claras mostraba según ellos las deficiencias españolas, se orienta, en cambio, hacia un pasado remoto, buscando más bien en las realizaciones de antaño una compensación a las miserias del presente. El "alma castellana" o la "tradición eterna" significan una evasión espiritual neorromántica.

La novela histórica de los autores mencionados da pie también para consideraciones que aunque de otro orden no son impertinentes en relación con los estudios reunidos en el presente volumen.

La primera serie de los *Episodios Nacionales* de Galdós abarca desde la batalla de Trafalgar hasta la de los Arapiles, época ya muy distante de los años en que redactó y publicó las novelas correspondientes, o sea, de 1873 a 1875. Sin embargo, no puede decirse que esos últimos años estén ausentes de aquellos primeros *Episodios*; antes bien, la disensión, la anarquía y la guerra civil que agitaron por entonces al país, son justamente lo que impulsa a Galdós a concebir su novela histórica como un llamamiento patriótico en favor de la unidad nacional. La idea de la patria que se le revela de repente a Gabriel durante la batalla de Trafalgar no tiene otro sentido.

Al prolongar tardíamente los *Episodios* más allá de la etapa que va de la guerra de la independencia al comienzo de la carlista, hasta comprender gran parte del siglo XIX, el lector esperaría que al llegar al período histórico que sigue al 68, Galdós nos diera, como testigo presencial, un relato más o menos circunstanciado, pero de primera mano y en consonancia con las ideas que tenía por entonces. Mas no es así. Los últimos *Episodios,* que tratan del reinado de Amadeo, la primera República y el principio de la Restauración, escritos unos treinta años después de sucedidos los hechos, reflejan otras opiniones: las que tenía el autor a principios del siglo XX, tras la Restauración y la Regencia. Así se explica que lo que empezó en tiempos de guerra intestina exhortando a los españoles a unirse pacíficamente, acabe, después de una paz no menos infecunda que los años de crisis, con un llamamiento a la revolución.

Las *Memorias de un hombre de acción* de Baroja contienen en forma bastante explícita una crítica, no propiamente de la sociedad española de la época en que transcurre la acción novelesca, sino más bien de la que él conoció directamente a principios de este siglo. Aun sin las alusiones y digresiones de que se vale el autor, la narración destaca sobradamente lo que hay de energía individual y vitalidad romántica en Aviraneta y otras figuras de su tiempo para que el contraste con la España adocenada y burguesa posterior quede bien marcado.

En Baroja hay, mucho más que en Galdós, el intento de dar relieve a la lejanía histórica y de rehacer evocativamente la época novelada. Sin embargo, la intromisión del presente en la visión del pasado es manifiesta en muchas ocasiones. Por ejemplo, en *Las Furias*, cuyo desenlace se concentra en los sangrientos sucesos de Barcelona al empezar el año 1836.

El autor trata de situarse en la Barcelona de entonces, dominada todavía por "la ciudad gótica y medieval". Y no sin acierto consigue recrear literariamente la atmósfera de aquel tiempo. Pero a continuación, a propósito del diverso carácter que la guerra civil tuvo en el Norte y en Cataluña y Valencia, ya no es el supuesto narrador coetáneo el que habla, sino quien, como el autor, ha vivido en tiempos posteriores. "Tenían ya por entonces los barceloneses un sentido ciudadano tan exagerado, que les llevaba a una megalomanía completa". ¿Era así, en efecto, por entonces? Baroja no trata de probarlo, y luego, después de contar la falsa anécdota del librero que mataba al comprador de libros valiosos para seguir él poseyéndolos, añade: "Este absolutismo y esta violencia para cualquier cosa existía, más que en ninguna parte de España, en Cataluña y, sobre todo, en Barcelona". El asalto a la Ciudadela y la matanza de presos que describe a continuación, le hacen pensar a Baroja en la ferocidad de los almogávares.

Dejando a un lado esta tendencia a la caracterización psicológica de los pueblos, no por aceptada más convincente, creo que vale la pena preguntarse si todas esas consideraciones de Baroja sobre la "violencia mediterránea" derivaban simplemente de los acontecimientos de 1836 o de la Barcelona agitada por el terrorismo sindical y gubernamental entre 1919 y 1921, fecha ésta en que su autor escribió *Las Furias*.

Aunque diverso, no es menos significativo el caso de Valle-Inclán. El tríptico de la guerra carlista, con su ambiente rural y primitivo, deliberadamente "bárbaro", responde a una visión modernista, estetizante, al modo de D'Annunzio. Actitud no menos antiburguesa que otras, por oposición al vulgo municipal y espeso de la burguesía urbana, tiránicamente uniformadora a través de sus escuelas, sus códigos y su servicio militar obligatorio, frente a la aristocrática variedad de fueros, privilegios y otros restos de la tradición feudal.

Con las farsas y esperpentos teatrales de hacia 1920 abre Valle-Inclán el nuevo camino que le condujo a la novela histórica, ese género híbrido que con todas sus limitaciones y contradicciones está siempre muriendo y renaciendo de sus cenizas. La ambición de Valle-Inclán fue, sin duda, novelar toda la época revolucionaria que se inicia con el 68, pero no pudo completar siquiera la parte correspondiente al final del reinado de Isabel II.

El Ruedo Ibérico es también antiburgués, si es que esto quiere decir algo, pero de otra manera que *La guerra carlista*. En una narración cuyo desarrollo se interrumpe alternando con breves farsas o escenas esperpénticas, Valle-Inclán nos ofrece todo un cuadro de la época, desde la Corte al cortijo, poblado de intrigantes palaciegos, figurones políticos, espadones militares, señoritos, gitanos, bandidos y menestrales. Y aunque el humorismo y la sátira dan el tono dominante a la crítica de aquella sociedad en vísperas del estallido revolucionario, en el fondo no sirven sino para trazar con rasgos más acusados el contraste entre los de arriba, cuyo poder va unido a la más estólida ignorancia y crueldad, y los de abajo, que arrastran una mísera existencia entreverada de violencias, servilismo o desesperación inútil.

Si algún esperpento puede encontrar su motivación, como ha mostrado Zahareas, en los años de agitación social y represión gubernamental de la primera postguerra, en cambio, la dictadura militar de Primo de Rivera, preparada en connivencia con el rey, y acompañada de un fuerte predominio de la Iglesia y del capitalismo —dictadura que Valle-Inclán desafió personalmente a su manera— no parece ajena a su visión antimonárquica, antimilitar, anticlerical y antiburguesa de la España isabelina.

La obra, en suma, de los novelistas está poniendo de manifiesto una verdad que no por obvia y perogrullesca hay que tener reparo en mencionar: el pasado lo vemos siempre desde el presente. Son nuestras ideas y preocupaciones de hoy las que orientan, condicionan o modifican nuestra visión histórica.

El interés que en los últimos años se ha despertado por el siglo xix, tras larga etapa de indiferencia, no es fortuito. Lo ha suscitado en buena parte la orientación política y social característica de nuestros días. El factor económico, la conciencia social, el desarrollo de las clases obreras, desempeñan ahora en el contexto histórico un papel que la historia anterior, con escasas excepciones, pretería o ignoraba.

No obstante las brillantes muestras que nos han ofrecido hace poco tanto españoles como extranjeros, el renacimiento historiográfico sobre el xix español es aún incompleto, como no podía menos por lo reciente. La revolución de 1868, tan debatida en su tiempo, apenas había sido objeto de algún que otro estudio en fechas posteriores. En todo caso, era indispensable una revisión a fondo. La simple circunstancia de que aquella convulsión política representara, entre otras cosas, la definitiva aparición en la vida española moderna de una realidad de tanto alcance como los movimientos de acción proletaria, y en particular del anarquismo, sería ya suficiente para darle valor histórico.

NOTA

[1] *Revista de Filología Española*, III, 1916, p. 193.

7

Américo Castro: los años de Princeton*

E N su larga expatriación desde la guerra civil española, Américo Castro residió en Norteamérica más de treinta años, la mayor parte en Princeton, a cuya universidad fue llamado en 1940 para ocupar la cátedra de lengua y literatura española que lleva el nombre de Emory L. Ford, una de las más prestigiosas y entonces mejor remuneradas de aquella institución.

Allí fue donde inició y desarrolló la obra de interpretación histórica que le ha dado universal renombre. Primero, *España en su historia,* 1948; luego, *La realidad histórica de España,* 1954, renovada otra vez en 1962, aparte de otras publicaciones menos extensas que reelaboran, aclaran o amplían diversos aspectos de su visión central de la historia española.

Esta considerable producción, realizada con empeño y vigor más que juveniles cuando entraba en la senectud —al aparecer *España en su historia,* Castro contaba ya sesenta y tres años—, ofrece dos

* *Estudios sobre la obra de Américo Castro,* Madrid, Taurus, 1971.

grandes novedades. Una por su enfoque y contenido, en divergencia radical con todas las interpretaciones hasta entonces conocidas de la historia española; otra, por su divergencia no menos acusada respecto a las ideas anteriores del propio autor.

Desde que en el siglo XVIII inició Masson de Morvilliers el debate en torno a la aportación española a la cultura universal, la posición de los españoles que salieron en defensa de su país, se fundaba más o menos explícitamente en la aceptación de los valores europeos. Lo que Cavanilles o Menéndez Pelayo vienen a decir es que los extranjeros desvalorizan lo español por simple ignorancia. De haber tenido un mayor conocimiento de las cosas, habrían visto que España no carecía tampoco de representantes —científicos, filósofos— de aquella cultura europea que servía de medida.

Con Unamuno y Ganivet se produce por primera vez un cambio, pero contrapesado por el europeísmo de otros —Ortega en primer término—, no llegó a afectar a los historiadores ni a quienes acababan de introducir en España la filología románica alemana y la *Geistesgeschichte* del mismo origen. Uno de ellos, el propio Américo Castro, el cual, cuando Cesare de Lollis puso en tela de juicio la modernidad y espíritu crítico de Cervantes, respondió con *El pensamiento de Cervantes,* 1925, situando la obra cervantina en el marco europeo del Renacimiento y la Contrarreforma.

La nueva visión histórica que Castro ha ido desarrollando desde que vio la insuficiencia de sus ideas anteriores, no hubiera sido posible, según él mismo nos dice, sin nuevos conceptos provenientes de la filosofía de nuestro tiempo.

Cada forma de vida requiere acercarse a ella con los instrumentos adecuados. Este mismo libro —un modesto e incipiente ensayo de intelección de la historia hispánica— hubiera sido imposible sin la filosofía del tiempo actual. Si interrogamos a España tomando puntos de vista meramente racionales o positivistas, no conseguiremos casi nada, porque no son esas las herramientas que demanda tan singular ingeniería. Todos, más o menos, le estábamos pidiendo a España lo que no poseía, y la juzgábamos por lo que no era, lo cual desordena e irrita la mente, sin conseguir mayores eficacias.

Aunque estas palabras de *España en su historia* hayan desaparecido en revisiones ulteriores, en estas insiste más circunstanciadamente en su deuda con Dilthey. "No se ha dicho bastante cuánto debemos las gentes de lengua española al pensamiento de Dilthey acerca de la vida humana."

No solo las ideas —Dilthey, existencialismo—, sino los hechos del presente, ese "problemático presente, desde el cual el pasado se vuelve puro problema", han contribuido a revelar la nueva realidad histórica.

La conmoción de la guerra civil fue suficiente para quebrantar en no pocos españoles ideas y creencias arraigadas. A la "atroz contienda" de 1936 a 1939 que "desgarró el alma de España", se alude varias veces en la obra de Castro, cuyo ánimo no parece menos impresionable que el de otros.

Estando en San Sebastián al principio de la guerra, él y Azorín oyeron un día los disparos de la artillería en torno a Irún. Azorín comentó: "Y nosotros que quisimos enseñarles sensibilidad..."

La misión del 98 y de los que vinieron después, la de Giner y la de Ortega, como antes la de Jovellanos, había sido esencialmente educativa. ¿No se habrían equivocado? Todos, al parecer, fracasaron, y Castro en 1962 no duda en condenarlos y condenarse a sí mismo. "Resultó así —dice a propósito de las calamidades nacionales que la guerra de 1898 puso de manifiesto— que la generación del 98, y quienes la continuamos, en cuanto a saber histórico e intelección de qué y cómo hubiese sido España, no *aportamos ninguna verdad decisiva,* fortificante y consoladora.".

Condena poco justa, en un sentido, al menos, por aplicar retroactivamente al ayer principios que sólo han sido válidos después.

> Hace medio siglo, un libro como el mío se habría tomado como una expresión de pesimismo, y el lector habría considerado con extrañeza, o con piedad un tanto ridícula, una cultura cuyo rasgo primario consistió en no hallarse segura respecto de sí misma. Mas hace cincuenta años se creía que lo único valioso era lo claro y lo optimista, y que el sistema de vida occidental implicaba un seguro de indefinido progreso. Hoy sabemos que no, después de muy trágicas experiencias; y sabemos además que hay formas de arte y de vida altísima, merced únicamente a un radical y angustiado problematismo.

Esas trágicas experiencias que desvanecieron el optimismo occidental de principios de siglo, claro está que comprenden, además de la guerra española, la contienda universal subsiguiente de 1939 a 1945. Al referirse a la civilización occidental y sus valores tradicionales, Castro suele poner el límite de 1935. Lo que vino después fue una serie de derrumbamientos. Junto al primordial de España, el de Francia, donde se completó decisivamente la formación intelectual del joven Américo Castro, el de Alemania, que hubo de afectarle profundamente, como a tantos otros, por la extraña conjunción de cultura y barbarie, nueva hasta entonces, según se creía.

> La fatal distanciación entre el hombre y sus productos "cultos" explica cómo ha sido posible que Alemania, país en tantos sentidos admirable, un máximo productor de objetivaciones y cultura, embriagado de *Leistungen,* haya caído en la más siniestra, fría y racional barbarie, en una escalofriante insensibilidad moral. Después de tan ingrato espectáculo vendrá el de las bombas atómicas. *Summa cultura, summa barbaries.*

Entre la caída de Francia y la bomba atómica, Castro fue redactando la primera versión de su obra en el apacible aislamiento de Princeton, pequeño recinto universitario. De haber fijado su residencia en otras partes de América, en México, por ejemplo, Castro hubiera podido convivir con otros españoles expatriados como él. Es cierto que no pocos compañeros o discípulos suyos en España profesaban también en universidades norteamericanas. Pero casi todos vivían muy alejados entre sí, y por otra parte no es este aislamiento personal el que más importa.

En general, el emigrado vive reducido a sus actividades profesionales. Es, como ya se vio desde antiguo, una especie de sombra humana sin cuerpo y relieve; la dimensión social no existe para él. [1] De ahí a veces la necesidad de naturalizarse, de participar de algún modo en el mundo que les rodea.

En España, antes de la expatriación, ni Castro ni otros universitarios, como es bien sabido, se limitaban a su función docente o de investigación. Aun los que no actuaban directamente en la vida política, podían hacer oir su voz en cuestiones públicas mediante la tribuna o el periódico. Su actividad desbordaba, pues, el marco de la profesión y tenía o podía tener resonancia nacional. Nada de esto era imaginable para Castro en su nueva posición, y no simplemente por extranjería.

Con todo, la doble faz del destierro es siempre ambivalente. Lo que por un lado actúa negativamente, no deja de ser positivo en otros respectos. El intelectual vivió antes en España en una sociedad de grupos más bien cerrados. Una vez adscrito a ellos, por afinidad de ideas o finalidades comunes, no era fácil escapar a la coerción que de uno u otro modo ejercían, y seguir un curso independiente. En el destierro, en cambio, el espíritu de cuerpo, los vínculos a que uno estaba sometido, se aflojan o desaparecen. El expatriado queda entonces en un estado de aislamiento con frecuencia penoso, pero favorable a la afirmación de ideas propias, por opuestas que sean a las del grupo a que perteneció anteriormente.

Es poco probable, a mi parecer, que el nuevo rumbo del pensamiento histórico de Castro se hubiera podido producir dentro del marco del Centro de Estudios Históricos de Madrid. Entre la España del Cid de Menéndez Pidal y el papel que en Castilla tuvo Cluny, según Castro, hay una oposición irreductible. Al romper consigo mismo, Castro rompía con maestros y colaboradores.

La expatriación, por otra parte, significa el contacto, fecundo o no, con un mundo ajeno que suele ofrecer marcadas diferencias con el propio. En este sentido, la residencia en los Estados Unidos representó para Castro un ensanchamiento de horizontes, después de haber convivido en época anterior con otros pueblos, Francia en primer término, y luego Alemania, aunque en menor grado. Lo cual no venía sino a colocarle en una posición ventajosa para cualquier intento de perfilar comparativamente la peculiaridad de lo español.

Por lo que se refiere a la larga experiencia americana —que incluye no sólo la anglosajona, sino también, aunque en menor medida, la hispánica— no hay duda de que ha contribuido en más de un aspecto a su visión histórica de España.

Las referencias a la vida norteamericana son frecuentes, y le sirven a Castro para aclarar por analogía o contraste ciertos aspectos de la historia española. Así, por ejemplo, para entender lo que significa el aislamiento cultural como defensa de valores propios —la situación de la Castilla medieval frente a los árabes—, recuerda la relación entre los Estados Unidos y Europa durante la primera mitad del siglo XIX; o bien señala el rápido proceso de asimilación que se produce con pueblos muy diversos en la sociedad americana para comprender la islamización de la población de Al Andalus bajo el califato cordobés.

Experiencia no indirecta o libresca, que cualquiera podría adquirir, sino personal y viva, que muestra observación propia tanto de hechos e ideas como de actitudes y maneras de ser. Castro reproduce las siguientes palabras escritas hace siglos por el doctor Carlos García:

> El entendimiento del español es muy medroso y cobarde en lo que toca a la fe y determinación de la Iglesia, porque en el punto que se le propone [es decir, se le invita a analizar] un artículo de fe, allí para y mete raya a toda su ciencia, sabiduría y discurso.

Y a continuación comenta:

De no proceder así el español habría tenido que romper la forma y el marco de su vida, y la tierra hubiera cedido bajo sus pies. Tal fenómeno, sin embargo, no se abarca denominándolo "fanatismo", pues entonces toda auténtica forma de vida debiera asimismo calificarse de fanática. El angloamericano de hoy también "para y mete raya a toda su ciencia", si pretendemos forzarlo a hacer patente el fondo de su sensibilidad y de su conciencia; la idea de verse solo frente a su sensibilidad descubierta, sin la protección de las fórmulas abstractas de su vida social, causa miedo y repugnancia al inglés y al americano. Lo que era la Iglesia para los españoles del siglo XVII, es para ellos el decreto de sus hábitos sociales.

Pero claro está que en el caso de Castro, la experiencia americana no podía limitarse a la observación de una forma determinada de vida por lo que tuviera de valor ilustrativo en comparación con otras. Profesor de literatura española, Américo Castro se encontró en Princeton en un mundo universitario donde lo español como valor cultural contaba muy poco, en contraste con la estimación que gozaban otras culturas europeas.

No era la primera vez que había estado en Norteamérica, pero hacía tiempo y pasajeramente, invitado para dar algún curso o conferencia sobre temas de su especialidad. Rodeado de unos cuantos colegas y estudiantes de una u otra universidad que se dedicaban al mismo campo de investigación, su primera impresión hubo de ser favorable. Los estudios españoles atraían cada vez más, y en conjunto habían adquirido mayor difusión que en muchos países europeos. No cabía, pues, sino felicitarse por el creciente desarrollo de los estudios hispánicos en los Estados Unidos, a partir sobre todo de la primera guerra mundial. Pero una cosa era andar de paso y acompañado de hispanistas de profesión, y otra muy distinta residir permanentemente en el país en convivencia diaria con otros colegas que nada sabían del mundo hispánico.

En cambio, ¡qué prestigio el de Francia! Una conferencia de Sartre, de Jules Romains, del propio Maritain, aun siendo este mismo profesor de la universidad, eran actos solemnes, y atraían, hablando en francés, casi tanto público como un Bertrand Russell.

Aunque decaídos los estudios literarios germánicos después de la guerra, el prestigio científico alemán se mantenía intacto. Y más quizá que en otras partes se hacía sentir en Princeton, donde el Instituto de Estudios Avanzados y la Universidad habían acogido a varios de los más prominentes emigrados de la Alemania nazi, no sólo científicos como Einstein o Von Neumann, sino historiadores, economistas y sociólogos.

En aquel medio intelectual, Castro pudo en seguida comprobar que la falta de prestigio de lo español iba unida a otras cosas. Un decano de la universidad, figura destacada por su labor educativa, declaraba un día, siguiendo a Montesquieu, que poco podía dar de sí una literatura que no contaba más que con Cervantes. En otra ocasión, un alemán, famoso en Europa y América como historiador del arte, se mostraba no ya indiferente, sino alérgico a la pintura española. En el propio departamento a que pertenecía Castro, como éste aludiera a la reconocida huella cervantina en Flaubert, un colega francés se permitió denegarla sonriendo despectivamente desde lo alto de su ignorancia. No sin réplica de don Américo, de palabra y por escrito. (Claro está que no todos eran así. Entre los colegas

franceses había uno que ha contribuido como pocos, mediante sus traducciones, a la difusión en
Francia de la novela contemporánea española, desde hace más de cuarenta años.)

Se comprende que quien había iniciado sus clases
en Princeton con una lección inaugural sobre el sentido de la cultura española ("*The meaning of Spanish Civilization*"), tratara de explicarse una vez más
la peculiaridad de lo español en vista de tales reacciones. Ya en época muy anterior había tratado de
destacar los valores españoles frente a la ignorancia
o incomprensión ajenas. En Alemania, en 1931, re-
petía en sus conferencias que además de la *Leistung*
había otras cosas valiosas. Poco después señalaba
la "falta de estima" de algún crítico alemán como
impedimento para la apreciación viva de las creaciones literarias españolas.

En este sentido, la experiencia de Castro se había
ampliado —Francia, luego Alemania, ahora Norteamérica— y, sin embargo, el resultado era el mismo. ¿No sería que la cultura española caía fuera
de la occidental, y resultaba por ello extraña, incomprensible? ¿O más bien que toda forma de vida nacional es de por sí hermética e incapaz de abrirse
a las otras y entenderlas? Así lo dice en la siguiente página de *España en su historia,* que bien vale
la pena reproducir:

> Se ha solido enjuiciar la vida española partiendo del
> principio de que las formas más logradas de la llama-
> da civilización occidental eran la meta suprema hacia
> la que deberían haber dirigido su curso todos los pue-
> blos de la tierra. Se mira entonces como primitivos,
> atrasados, infantiles o descarriados a los grupos huma-
> nos no incluidos plenamente en el área de la civilización
> iniciada en Grecia, moldeada políticamente por Roma,

y llegada a su cenit con los estupendos hallazgos de la ciencia física. Los creyentes en la eficacia de esta forma de vida piensan que los pueblos "retrasados" respecto de ella, viven en un limbo aguardando a recibir la luz de la nueva revelación, así como los paganos (según se pensaba en la Edad Media) habían vivido marcando el paso en espera de que les llegara la verdad de Cristo. La idea cristiana fue sustituida en el siglo XVIII por la fe en el progreso; los no versados en matemáticas, en la lengua francesa, en la interpretación racional del mundo y en las cortesías de los salones parisienses fueron mirados como gentes también en espera de ser salvadas. El norteamericano siente hoy como extraños e incompletos a quienes no poseen una organización social análoga a la suya, por muy "civilizados" que aquéllos se crean. El ruso soviético, a su vez, no reconoce total plenitud humana a las naciones sin un régimen proletario. La España de Carlos V aspiró a incluir a todo el planeta en el redil de su fe teocrático-nobiliaria, y desplegó con este motivo una arrogancia no menor que la de los británicos en el siglo XIX. Tales juicios "democéntricos" (que no egocéntricos) denuncian en los pueblos que los sienten y los formulan una conciencia muy firme de su propio valor; mas ofrecen al mismo tiempo un grave obstáculo cuando pretendemos hacer perceptibles las manifiestas valías de un pueblo extravagante en su curso y a primera vista sin valores cotizables en el mercado de los triunfadores. Ese hermetismo de cada región humana dotada de valores, su resistencia a entender formas de vida extrañas para cada una de ellas y la casi incapacidad para objetivarse cuando el historiador habla de su propio país, todo ello suele dar un leve tinte de aldeanismo infatuado a las llamadas historias "nacionales", incluso a las más altamente concebidas.

Ante ese hermetismo, Castro se esfuerza en mostrar, mediante referencias comparativas, que

VICENTE LLORÉNS

literaturas muy diversas, porque expresan conceptos de vida muy diferentes, pueden ser igualmente
modernas y valiosas. Tal la española, no menos que
la francesa. Sin el esfuerzo del sujeto que vive una
realidad mágica afirmándose en su existir —como
se desprende, según Castro, del arte de Juan Ruiz
y de Cervantes—,

> Castilla y luego España, serían hoy una prolongación
> del Norte de África, sin Cervantes, sin Goya y sin mil
> otras valías. De la tendencia cartesiana, del hombre
> encerrado en sí mismo, aislado de Dios y del mundo,
> brotó en los siglos XVII y XVIII la magnífica literatura
> de la Francia pensante. Ambas concepciones de la vida
> han tenido resultados tan *modernos* y *valiosos* unos
> como otros, puesto que sin la levadura hispano-oriental,
> la literatura de Europa sería de una insufrible insipi-
> dez, y, para decirlo todo, ni el teatro ni la novela fran-
> ceses existirían.

Toda forma de vida tiene, junto a realizaciones
magníficas, sus limitaciones. Los españoles no han
sido capaces de crear valores objetivables, ciencia
o filosofía. Pero tampoco Italia, con todas sus ma-
ravillas artísticas y literarias, ha podido crear una
literatura dramática. Y la misma Francia, en donde
la voluntad de dominio, aliada al propósito de conocer, hizo brotar la genialidad de pensamiento
de un Descartes, también ha impedido "una obra de
arte que abarque la integridad de lo humano, que
es razón cognoscitiva y muchas cosas más. Nada
en Francia es parangonable con Cervantes, Shakespeare, Goya o Miguel Ángel".
Frente a quienes otorgan a las creaciones literarias españolas una importancia relativa, local o de
época, Castro afirma su valor permanente y univer-

sal; "obras —dice— de angustiada belleza, válida siempre y en todo lugar".

Por último, reaccionando contra la civilización de nuestro tiempo, que bien conspicuamente se manifestaba a su alrededor, la reivindicación de la forma de vida española llega a más; no solamente sus creaciones son valiosas y actuales, sino que, ante un mundo como el que vivimos, su misma historia resulta ejemplar:

> Son esas obras en el día de hoy puerto y refugio para almas exquisitas, alarmadas frente al sesgo, también "taumatúrgico", de la civilización de nuestro tiempo, que ha trocado en fines los medios materiales de una cultura yerma de sentido, y expuesta a convertirse en un cascarón anónimo. Por eso es más actual que nunca la historia de España, a pesar de que muchos no perciban sino su fracaso y su arrogancia; su virtud ejemplar radica en el arte inaudito de vivir en la nada y no aniquilarse en ella, porque tras esa nada siempre alboreó la firme conciencia de seguir existiendo, como una viva raíz de eternidad.

Una reseña de la obra de Américo Castro durante su expatriación, limitada exclusivamente a su producción escrita, aun siendo tan considerable, dejaría al margen otro aspecto de su personalidad quizá no menos valioso. Desde siempre fue don Américo un gran maestro, con la vocación y cualidades que deben acompañar al ejercicio docente. De la Institución Libre de Enseñanza y más concretamente de don Francisco Giner, educador integral, aprendió sin duda, entre otras cosas, el difícil arte de enseñar, no tanto mediante la exposición de saberes o métodos como suscitando el interés del discípulo, despertando sus capacidades mejores, alentándole y corrigiéndole en íntimo y personal contacto. De su fecunda huella en España hay sobrados testimonios. Dámaso Alonso, José F. Montesinos, Joaquín Casalduero, Rafael Lapesa, entre otros, podrían decir mejor que nadie lo que deben a su viejo maestro.

Su labor en Norteamérica, en Princeton, ha sido también fecunda, aun tratándose de una universidad extranjera y de alumnos casi en su totalidad no españoles (si algunos tuvo, y bien distinguidos, procedían de México. De España, ni uno sólo).

En verdad, la enseñanza de una literatura nacional para alumnos de otro país es tarea dificultosa y a menudo ingrata. El estudiante, por rápido que sea el dominio que vaya adquiriendo de la lengua, es un aprendiz, y tiene que hacer un doblado esfuerzo para entender bien obras nada fáciles en sí mismas. La literatura española, por otra parte, tiene para la mayoría de los lectores extranjeros un carácter y un estilo extrañísimos, difíciles de captar aun cuando conozcan suficientemente la lengua. Literatura sin análogo en Occidente ni Oriente, según el propio Castro, reveladora de un mundo a primera vista incomprensible. Y en medio de esos dos extremos, el del joven estudiante extranjero y el de la obra española, se encuentra el profesor debatiéndose entre ignorancias entusiastas y enigmáticas hermosuras para hacer comprensible el texto del día.

Américo Castro hizo el milagro no sólo de hacer inteligible lo difícil y comprensible lo extraño, sino de despertar en sus alumnos apasionado entusiasmo por lo español, determinando a veces su futuro destino profesional. Es verdad que se entregaba a su misión con el fervor de quien ejerce un sacerdocio. Quizá nunca puso tanta alma en lo que dijo como en los años de Princeton, cuando acababa de descubrir su verdad, cuando iba adquiriendo forma y desarrollo su nueva visión de la historia española.

El apóstol aspira a convertir a quien le escucha. Castro como escritor tenía a su disposición el libro, la palabra escrita; pero como maestro lo que tenía más inmediatamente a su alcance era al alumno. Sobre éste había de ejercer con ahinco su capacidad suasoria, más eficaz a través de la palabra viva que de la impresa. Esa palabra viva que el emigrado en país de lengua ajena ya no oye a su alrededor. Desde su primera formación filológica, Américo Castro, catedrático de historia de la lengua española en la Universidad de Madrid, dedicó a su lengua largo estudio. Ahora quedaba confinada, fuera de los libros, al medio familiar y a la clase. Pero seguía resonando en sus oídos con acentos que quizá no tuvo antes. Hasta rememorando simples nombres, el expatriado puede sentir inesperada conmoción. Unamuno, desterrado en Francia, poetizaba con escuetas enumeraciones de toponímicos, que por sí solos parecían revelarle la quintaesencia de lo español: "Ávila, Málaga, Cáceres, Játiva, Mérida, Córdoba..." También los nombres de lugar españoles tenían para Castro resonancias únicas: "Santa María de Nájera: un nombre que suena a maravilla para oídos españoles."

Hay que tener en cuenta, por otra parte, que la obra impresa de Américo Castro desde la exposición primera hasta las reelaboraciones posteriores de 1954 y 1962 fue escrita y publicada fuera de España. En circunstancias normales cabe esperar que una nueva interpretación de la historia de España se dirija principalmente al lector español. Pero el lector español de entonces no se encontraba tan sólo en territorio español; una buena parte andaba, como el propio autor, dispersa por el mundo. Para

el lector de España, además, la obra de Castro era
por varios motivos menos accesible que para el
otro. ¿Iba, pues, destinada la obra al lector emigrado, en primer término? Aunque así no fuera,
resulta significativo que la primera y más extensa
réplica que suscitó partiera de otro emigrado, residente en Buenos Aires.

Cierto que para el escritor español refugiado en
América había asimismo otro público mucho más
numeroso, al que podía dirigirse en su propia lengua: el hispanoamericano. Y así permiten suponer-
lo en el caso de Castro, su visión unitaria de lo
hispánico y sus referencias a la vida hispanoamericana. Mas la verdad es que en aquellos doce o más
años siguientes a la guerra civil el español residente
en Norteamérica vivió literariamente a la intempe-
rie, escribiendo para un lector existente sin duda,
y numeroso a veces, pero indeterminado, lejano y
un tanto fantasmal.

Solo más tarde, en fecha reciente, aparece un lector al que se dirige concreta y directamente Castro:
el joven lector español. Novedad que se presenta en
relación con aspectos nuevos de la vida hispánica,
o que adquieren ahora nuevo desarrollo —el anarquismo, por ejemplo— y que apuntan al futuro
de España. En esa tarea del mañana les corresponde naturalmente un puesto principal a los jóvenes de hoy.

Mas la presencia de esos jóvenes no parece ajena
a la acogida que se ha ido dispensando año tras
año a la obra de Castro. Acogida singular, más
favorable a veces en el extranjero que en España,
más entre escritores de varia índole que entre historiadores profesionales, más entre jóvenes que entre viejos. Lo cual, a su vez, vino a dar un nuevo

sesgo a las adicionales páginas de Castro, escritor
ya de suyo polémico. Sus escritos se enfrentan reite-
radamente con quienes siguen mostrándose reacios
a aceptar su radical desmantelamiento de la historia
tradicional de España. Hasta el punto de que si al
principio trataba, como hemos visto, de rebatir la
incomprensión de los de fuera, de quienes seguramente por hallarse en morada ajena no podían entender la española, ahora insiste más bien en la falta
de comprensión de los propios españoles. Si no pocos de éstos, ya maduros y enquistados en viejos
conceptos, se niegan a comprenderle, cabe al menos
la esperanza de que su nueva visión de España se
abra paso entre nuevas generaciones de españoles
no moldeados irreductiblemente por esquemas inve-
terados.

Aún hay quizá otro factor en esta aspiración al
lector joven, que se produce cuando ya Castro no
tenía alumnos, cuando por su edad había cesado
en la función docente. El vacío de la jubilación,
penoso seguramente para quien durante toda una
vida ejerció el magisterio con tanta dedicación y
plenitud, necesitaba sin duda un lector joven que
compensara en cierto modo al joven estudiante
que antes le escuchaba y le seguía.

Quienes le escucharon en las aulas de Princeton
editaron en homenaje a su maestro, poco después
de jubilado, una recopilación de estudios del propio
Castro dispersos antes en publicaciones periódicas.
En la breve introducción al volumen Juan Marichal
nos hace sentir el poder de sugestión que sobre él
y los demás ejerció en sus clases aquel profesor
ante el cual el estudiante "creía captar dramáti-
camente la palpitación misma del vivir histórico
español".

No hace mucho tiempo un antiguo "princeto-
nian", que hoy vive probablemente dedicado a
ocupaciones muy ajenas a la investigación o enseñanza de las letras españolas, ha hecho, sin darse a
conocer, un donativo para una serie anual de conferencias sobre literatura española, que habrá de
llevar el nombre de Américo Castro. Al comunicar
su decisión, el incógnito ex alumno añadió estas
palabras que revelan con toda simplicidad lo que
el maestro español significó en su vida estudiantil:
*I shall forever be indebted to Princeton for bringing
me together with Américo Castro.*

NOTA

[1] "Los antiguos tenían fina percepción de esa parálisis última en que cae el transplantado, y por eso era para ellos una
pena de rango parejo a la muerte, la del destierro. No por la
nostalgia de la patria les era horrendo el exilio, sino por la irre-
mediable inactividad a que los condenaba. El desterrado siente
su vida como suspendida; *exul umbra,* el desterrado es una
sombra, decían los romanos. No puede intervenir ni en la política, ni en el dinamismo social, ni en las esperanzas ni en
los entusiasmos del país ajeno". J. Ortega y Gasset, *Temas de
viaje,* 1922.

8

Trayectoria poética de Salinas en el destierro*

E N 1938, residiendo ya en los Estados Unidos, Pedro Salinas publicó algunas poesías en revistas literarias hispanoamericanas. Pertenecían a un nuevo libro que quedó acabado, si no corregido del todo, a fines de aquel año, y había de titularse *Largo lamento*. [1]

Los poemas de *Largo lamento* completan los de *La voz a ti debida* y *Razón de amor*, pero a diferencia de estos ya no expresan la alegría y plenitud del amor, sino el dolor de la ruptura amorosa. Son elegías, las primeras que aparecen en la poesía de Salinas.

En su poesía erótica anterior, tanto en la exaltación primera del amor (amor en vilo) como en su goce reposado, Salinas nos situaba en un mundo fuera del tiempo y del espacio. Ahora, en cambio, se produce un descenso, una caída del plano atemporal a la realidad cotidiana. Diríase que al apagarse aquella gran llama amorosa cuya luz iluminaba

* Reproduzco, ampliado y corrigiendo algún error, el artículo aparecido en *Ínsula*, núms. 300-301, noviembre-diciembre 1971.

realidades superiores, los ojos del poeta ya no ven sino lo que vemos los demás.

Si antes hubo apenas alguna lágrima fugaz, sorbida pronto por los labios, ahora el llanto es frecuente. Como también el recuerdo:

> El alma no se acuerda, está dolida
> de tanto recordar, Pero en las manos
> queda el recuerdo de lo que han tenido.

La desaparición del amor trae consigo "la falsa compañera", la soledad:

> Yo estaba solo, solo.
> Solo con mi silencio;
> solo, si lo rompía,
> también, con mis palabras.

Llanto, memorias, soledad; todo un lamento de quien ya no se siente vivir más que como sombra.

Según dijo el propio Salinas a Jorge Guillén, *Largo lamento* difería mucho en tonalidad de los dos libros de amor que lo precedieron. [2] No menos se diferencia de otras elegías amorosas de la poesía española. Su lamento, bien amargo, no es el dulce lamentar de los pastores de Garcilaso, ni tampoco la queja angustiada o melancólica de los románticos. Pues Salinas, con otros poetas de su generación, en su juvenil reacción contra el romanticismo y el modernismo, tuvo como principio evitar a toda costa el sentimentalismo (que para ellos era entonces lo "putrefacto"). Al irrumpir ahora la nota sentimental en su obra, el poeta procura amortiguarla mediante la metáfora, la alusión perifrástica o la ironía.

Las lágrimas pueden ser ahora

> cifras de cristal
> que tibiamente caen por las mejillas.

Y si Góngora ennobleció al gallo llamándole "nuncio canoro del sol", Salinas, con propensión conceptista no nueva en él, convierte al modesto encendedor mecánico de cigarrillos en

> la breve máquina
> de plata en que trasmite
> después de tantos siglos afanosos
> su ambiciosa tarea Prometeo
> a unos esbeltos dedos de mujer.

Metáfora, ironía, y otras veces un lenguaje deliberadamente prosaico, pretenden celar la tristeza y desilusión del poeta:

> Por mutuo acuerdo,
> para no tropezar en ruinas fáciles,
> apartamos los ojos de los ojos:
> tú mirando a tu taza y a su abismo
> —producto del Brasil y sin azúcar—
> como a un futuro
> que es imposible ver más claro ahora,
> y que quizá te quite el sueño; yo, a mi vaso.
> en donde las burbujas
> transparentes, redondas, de la soda
> me ofrecen grandes cantidades
> de esperanzas en miniatura,
> que absorbo a tragos lentos.

Las poesías incluidas en *Todo más claro* se escribieron —así lo declara Salinas en el prefacio— en los años que van del 1937 al 1947; es decir, mientras fue componiendo el resto de su obra poética: *Largo lamento, Confianza* y *El contemplado*.

Dejando aparte las cuatro composiciones que pertenecen a *Largo lamento* (y que ahora pueden integrarse con las publicadas póstumamente), hay otras en *Todo más claro* que constituyen una novedad importante en la obra de Salinas. Son aquellas —"Nocturno de los avisos", "Hombre en la orilla", "Pasajero en museo", "Contra esa primavera", principalmente—, en donde el poeta, deambulando solitario por la ciudad moderna (Nueva York), satiriza la sociedad de nuestros días. Unas veces por sus prisas sin objeto, su comercialismo, su frivolidad, otras por su aceptación pasiva de lo convencional, como esa primavera a fecha fija preparada por las agencias de viaje, que se acerca precedida

de un gran humo de pájaros cantantes,
entre apiñada escolta
de lugares comunes, de gacelas,
carteles de turismo y madrigales.

Pero frente al conformismo de otros, Salinas no deja de expresar su discrepancia —

Soy un alma
que no lleva reló, soy el que sueña
en encontrar la letra de su cántico

— unida a una creciente preocupación por la muerte, como cuando se dirige a las figuras representadas en los cuadros de un museo:

Por vosotros no lloro, que estáis muertos,
lloro por mi morir, que va corriendo
aquí en mi pulso sin poder pararlo.

En 1944 publicaba en una revista mejicana el poema *Cero*, incluido más tarde en *Todo más claro y otros poemas*.

Cero es otra elegía, mas no amorosa ni irónica. Lo que llora el poeta esta vez es la destrucción producida por la guerra. Tema viejo en la poesía, que Salinas desarrolla con la amplitud y elevación de la oda clásica. El lenguaje, la frase poética recuerdan aquí y allá a los maestros españoles del pasado —Quevedo, Góngora—; pero el desarrollo, y sobre todo la visión, son muy otros.

El Cero es la bomba de aviación (anterior a la atómica) y al mismo tiempo la destrucción que produce, la nada. La bomba aniquila, destruye vidas y convierte en ruinas bellas obras humanas. Esto ya se había dicho otras veces; pero en la elegía de Salinas lo que vemos destruir igualmente es la esperanza, el anhelo afirmativo, el afán perdurador que constituye la sustancia de la vida del hombre.

El nuevo artefacto bélico, lanzado friamente y con precisión técnica desde las alturas, no siega tan solo los cuerpos de los jóvenes amantes, sino sus sueños de amor, las vísperas de su gozo, tan felices o más que el gozo mismo.

> ¡Qué cadáver ingrávido: una mañana
> que muere al filo de su aurora cierta!
> Vísperas son capullos. Sí, de dichas;
> sí, de tiempos, futuros en capullos.
> ¡Tan hermosas, las vísperas!
> ¡Y muertas!

El cero mecánico no solamente destruye piedras milenarias labradas y ordenadas armónicamente por el esfuerzo conjunto de los hombres, o la obra singular llevada a perfección por el cincel del escultor; lo que aniquila es mucho más: la negativa a morir que lleva implícita toda obra humana de arte. [3] Esa es la verdadera víctima.

Lo que era suma, en un instante es polvo.
¡Qué derroche de siglos, un momento!
No se derrumban piedras, no, ni imágenes;
lo que se viene abajo es esa hueste
de tercos defensores de sus sueños.
Tropa que dió batalla a las milicias
mudas, sin rostro, de la nada; ejército
que matando a un olvido cada día
conquistó lentamente los milenios.
Se abre por fin la tumba a que escaparon;
les llega aquí la muerte de que huyeron.

Si Salinas había sido el poeta del amor como gran afirmación de la vida, ahora lo es de la guerra como gran negación humana. Afirmación, aquélla, que en *La voz a ti debida* se expresa de modo insistente, jubiloso y simple; a veces con el más simple y afirmativo de los monosílabos:

Todo dice que sí.
Sí del cielo, lo azul,
y sí, lo azul del mar;
mares, cielos, azules
con espumas y brisas,
júbilos monosílabos
repiten sin parar.
Un sí contesta sí
a otro sí. Grandes diálogos
repetidos se oyen
por encima del mar
de mundo a mundo: sí.

¡Qué lejos de esta alegría, y de esta forma, el poema *Cero*! Al verso corto, rápido y vibrante ha sucedido el endecasílabo elegíaco, de andadura lenta, con períodos de amplio desarrollo. Cambian, como era de esperar, las imágenes, pero aun las que ofrecen semejanza, adquieren opuesto sentido.

El amor, gran vendaval dionisíaco, podía tener antes, en *La voz a ti debida*, efectos catastróficos:

> Amor, amor, catástrofe.
> ¡Qué hundimiento del mundo!
> Un gran horror a techos
> quiebra columnas, tiempos:
> los reemplaza por cielos
> intemporales. Andas, ando
> por entre escombros
> de estíos y de inviernos
> derrumbados...

Pero esta catástrofe del amor es salvadora; lo que destruye es lo temporal, y si los amantes pisan escombros de tiempo es porque viven fuera de él en un mundo primigenio o en la eternidad de lo mítico.

No así en *Cero*. La bomba aérea produce también escombros, sobre los cuales camina el poeta:

> Sigo escombro adelante, solo, solo.
> Hollando voy los restos
> de tantas perfecciones abolidas.

Los restos que va hollando no pertenecen a lo temporal, sino todo lo contrario, son perfecciones abolidas, esto es, obras perfectas, por cuanto representan el afán humano de perfección.

Ante la desolación de la guerra y sus males Salinas no se abate del todo. Mantiene su fe en la vida. Y a ello responden otros versos de esos años (1942-1944), los primeros escritos en Baltimore, los últimos en Puerto Rico, y publicados póstumamente bajo el título de *Confianza*.

Libro donde vuelve a haber nubes, jardines, mariposas, hasta ninfas, y donde hacen sus paces el

pájaro y la radio. El poema más representativo de
toda la obra es el que ha servido para darle título:
"Confianza".

> Mientras haya
> alguna ventana abierta,
> ojos que vuelven del sueño,
> otra mañana que empieza.
> Mar con olas trajineras
> —mientras haya—
> trajinantes de alegrías,
> llevándolas y trayéndolas.
> Lino para la hilandera,
> árboles que se aventuran,
> —mientras haya—
> y viento para la selva...

La deliberada reminiscencia becqueriana obedece
aquí al mismo propósito que en el poeta romántico,
aunque la amenaza con que se enfrentan sea en el
uno el siglo "material y prosaico", y en el otro la
guerra y "el bárbaro funcionalismo". Pero, aparte
de otras diferencias, Salinas deja sin completar el
reiterado "mientras haya", añadiendo así una vaga
nota de incertidumbre.

En todo caso, frente a la negación destructora, el
poeta afirma serena y líricamente la continuidad
perdurable de la vida.

> Mientras haya
> lo que hubo ayer, lo que hay hoy,
> lo que venga.

Confianza es como el preludio de *El contemplado*.
El tema del ocio contra el negocio está ya en la
poesía titulada "Regalo":

El ocio es nuestro negocio.
¿Quién lo dice? La mañana
está trémula de voces
que lo dicen, que lo cantan:
las voces de los dichosos
que no hacen nada.

Hasta formas de versificación poco usadas antes
por Salinas, pero dominantes en *El contemplado*,
aparecen asimismo en estos poemas:

Gran capilla de pájaros anuncia
luz que se acerca:
velos que la velaban, leve túnica,
y no la velan.
Nadie hay que mire, nadie; pero todo
es reverencia.
Ondas ofician, aves, flores, cielo;
mayor, la fiesta.

Cerrada ya la herida tras el desengaño amoroso,
las hermosuras de la naturaleza le brindan nuevas
felicidades:

No quiero ser dichoso,
caricias, con mis manos.
No quiero ser feliz
en besos, en los labios,
sin cesar inventores
de espléndidos engaños:
ni con el alma casi
quisiera. Hay almas torpes.
Ahora voy retirándome
ya de mí, hacia vosotros,
inevitables sabios
del aire, por el aire.
Feliz seré mirando
a las felicidades

que susurran, que vuelan
de la rama y del pájaro,
lentamente olvidado
de mí, ya sin memoria.
Feliz por los caminos
que cerrados tenía
y me abren los vilanos.
Lo que yo no acerté
otros me lo acertaron.

En los últimos años de la guerra mundial o más exactamente de 1943 a 1946, Salinas pudo gozar de un paréntesis de paz en la isla de Puerto Rico, allí donde hoy reposan sus restos mortales.

Salinas se sintió feliz ante aquel mar y aquel paisaje, que le devolvían al mundo de la claridad y de la belleza. Feliz también por el clima tropical. Nunca le atrajo la naturaleza nórdica, ni en Europa ni en América. En una ocasión clasificó las tierras de este globo terráqueo sobre el cual vivimos en tres clases: inhabitables e inhabitadas, inhabitables y habitadas, habitables y habitadas. Tierras inhabitables, aunque muy habitadas, eran para él las situadas al norte del Mediterráneo en Europa y del Caribe en América, es decir los países fríos. Ejemplo supremo, en cambio, de las habitadas y habitables, Puerto Rico.

"Puerto Rico —escribe en carta a Jorge Guillén en la primavera de 1944— invariablemente hermoso. Increíble la fidelidad de este clima a sus hermosuras. Ni sombra de frío, sol, luz constante, verdor en todo. Jardín en medio del horror mundial." [4] Un mundo, en suma, "sin otoño y sin ceniza", como dice él mismo en el poema que allí escribió, *El contemplado*.

Título que completa, entre paréntesis, con estas palabras: Mar de Puerto Rico. Poema, pues, del mar, tema no menos antiguo que el de la guerra, pero presentado aquí en forma muy diversa de las tradicionales, sobre todo de las románticas o simbolistas.

El mar es para Salinas primavera diaria, alegría permanente, claridad absoluta, presente total, quehacer gozoso. Un mundo maravilloso de azules y blancuras, de brisas y celajes, de espuma, arena y sol, del cual, sin embargo, nos da el poeta una imagen floreal más bien terrestre que marina, como si se tratara de un vergel, con sus flores, semillas y capullos.

> ¡Tantos que van abriéndose, jardines,
>   celestes, y en el agua!
> Por el azul, espumas, nubecillas,
>   ¡tantas corolas blancas!
> Presente este vergel, ¿de dónde brota
>   si anoche aquí no estaba?

A lo largo de las "variaciones" sobre el tema del mar que componen el poema, nos encontramos con la imagen de un mundo mítico, hasta con figuras de la mitología antigua. Salinas ha puesto sobre un fondo marino la Arcadia feliz del perenne sueño pastoril, rompiendo así con una milenaria tradición poética. La imagen del mar, en la poesía bucólica, se opone casi siempre a la de la Arcadia. Lejos de ser un *locus amoenus,* el mar es escenario de tormentas, naufragios y desastres. Y mientras el prado florido o la fontana pura es el paraje donde la vida de pastoras o ninfas transcurre en el ocio, el mar sólo sirve para el negocio. El anciano de las *Soledades* de Góngora lo apostrofa como patria de aventureros y mercaderes; y aunque en sus orillas también se vea de vez en cuando la figura de un humilde pescador, el mar representa generalmente la codicia.

Salinas, poeta culto, profesor de literatura, lo sabía muy bien y no puede menos de recordarlo. Pero su breve alusión es disculpadora:

> Por tu hermosura, sin mancharla nunca,
> resbala la codicia.

El poema termina con una Variación titulada "Salvación por la luz" en donde el enfrentamiento del poeta con el mar —con el cual ha estado hablando constantemente, ni más ni menos que con la amada de *La voz a ti debida*— parece resolverse salvadoramente gracias a la posible unión de lo individual perecedero con la eternidad.

La contemplación del mar significa la visión de lo eterno, no sólo por la eternidad del mar en sí mismo, sino de quien lo mira. Pues a través de los ojos del contemplador —en este caso los del poeta— está mirando también el sinfín de sus antecesores. Ese yo contemplativo no es sino

> el miradero
> que un cuerpo de hoy ofrece a almas de antes

Y así, al mirar, el yo se da cuenta de ser sólo

> un momento
> de esa larga mirada que te ojea,
> desde ayer, desde hoy, desde mañana,
> paralela del tiempo.

Y como ese afán de mirar pasará a los hijos, el mismo yo seguirá contemplando a través de ellos la eterna hermosura del mar. Quizá la eternidad se nos entre por los ojos vuelta luz, de tanto contemplarla, y nos salvemos.

Curiosa concepción, que recuerda la de Rilke en las *Elegías del Duino*. Obsérvese que no es el alma la que contempla eternamente, como eterna que es, el mar, sino los ojos, esto es, el cuerpo. Unas almas se van, pero otras vienen a sustituirlas en el mirar, a través de unos ojos siempre abiertos. Claro que mediante ese cuerpo de hoy siguen mirando las almas de antes. Nuestra mirada lleva la carga de una herencia innumerable, y es de suponer que cuando nuestros ojos se cierren, nuestra alma buscará enseguida otros, los de nuestros hijos, por donde mirar. Mirada duradera, por transmisión, que de tan constante puede que nos una para siempre con la eternidad.

Eternidad, por lo demás, no celestial, de otro mundo, sino de éste; mirada, no sólo de almas, sino de cuerpos. La eternidad, la perfección, la hermosura, están ahí a nuestro alcance, frente a nosotros; mas no se nos darán si no nos entregamos a ellas con alma y cuerpo, contemplándolas con verdadero arrobamiento.

Sean cualesquiera las conclusiones que puedan desprenderse de esta visión poética del mundo, yo no puedo pensar sino en la inmensa capacidad de fruición que tenía Pedro Salinas, y en la avidez de su mirada ante las cosas bellas. Y lo mismo que se extasiaba, literalmente, ante un hermoso cuadro, en los innumerables museos que visitó a lo largo de su vida a uno y otro lado del Atlántico, o cuando volvía de México o del Ecuador con los ojos todavía deslumbrados por una de aquellas "delirantes" iglesias barrocas que había visto, así lo veo yo también en la terraza del club Afda contemplando insaciable, un día y otro día, hora tras hora, aquel hermoso mar de Puerto Rico.

El contemplado no se reduce, sin embargo, a una pura contemplación de la naturaleza, y al goce de su hermosura.

En la Variación XII, que lleva como título "Civitas Dei", el poeta no se deleita únicamente ante la ciudad de Dios que tiene delante, o sea el mar, sino que por contraste evoca y condena la ciudad enemiga, esto es, la ciudad que todos conocemos, la ciudad moderna de la técnica y los negocios. Hermosura frente a codicia.

> No hay nadie allí que mire; están los ojos
>   a sueldo, en oficinas.
> Vacío abajo corren ascensores,
>   corren vacío arriba,
> transportan a fantasmas impacientes:
>   la nada tiene prisa.
> Si se aprieta un botón se aclara el mundo,
>   la duda se disipa.
> Instantánea es la aurora; ya no pierde
>   en fiestas nacarinas,
> en rosas, en albores, en celajes,
>   el tiempo que perdía.
> Aquel aire infinito lo han contado;
>   números se respiran.
> El tiempo ya no es tiempo, el tiempo es oro,
>   florecen compañías
> para vender a plazos los veranos,
>   las horas y los días.

A Salinas le ocurría lo que a Fray Luis de León. Uno y otro escapan de un mundo hostil o ingrato hasta encontrar lugar acogedor y placentero. Ambos expresan el mismo anhelo de huida. "Un hombre hay que escapa de tantas agonías"; "somos muchas las almas fugitivas de la técnica", dice Salinas. "A vuestro almo reposo", dice Fray Luis, "huyo de aqueste mar tempestuoso". Ambos encuentran el paraje feliz en cuya contemplación se gozan; el huerto o la noche serena de Fray Luis, el mar de Salinas. Y allí, entre hermosuras y eternidades, buscan refugio y salvación.

Pero ni uno ni otro olvidan el mundo que les angustiaba. Y en medio del goce contemplativo se vuelven al lugar de que huyeron y lo apostrofan condenándolo. Lo celestial, lo mítico, no borra lo social. Tanto el uno como el otro son moralistas. Fray Luis condena, en la sociedad de su tiempo, la ambición, la mentira, la riqueza; Salinas, en la del suyo, los negocios, la mecanización, la técnica.

Este acusador de la técnica fue justamente uno de los primeros de su generación literaria que hizo entrar en la poesía española temas inspirados en los avances técnicos del siglo. ¡Y con qué petulancia algunos de ellos, jóvenes entonces! Recuérdese a Alberti diciendo: "Yo nací, respetadme, con el cine". Los vanguardistas de aquella postguerra, prosiguiendo la tendencia iniciada por el futurismo de Marinetti, introdujeron en el verso hélices y motores. Un poeta más sosegado como Jorge Guillén llamó al radiador de la calefacción "ruiseñor de la noche"; Salinas poetizó el automóvil varias veces, el cinematógrafo, el teléfono y la máquina de escribir.

Para aquellos poetas, los productos de la creciente tecnología de su época (estamos en mil novecientos veintitantos) eran como un juguete nuevo, que por lo que tenía de juego y de novedad, estaba muy a tono con su espíritu juvenil deportivo y con su posición literaria, favorable a toda novedad.

Ese es el alcance que todo ello tuvo para el joven
Salinas, niño siempre curioso, por otra parte: un
mundo mecánico divertido. Y si por un momento
ofrecía riesgo —nuevo aliciente—, era un riesgo personal y hasta evitable. La máquina automóvil que
se lanza por las cuestas de Navacerrada, se somete
dócil al mandato humano; basta apretar bien los
frenos.

Lo cual quiere decir también técnica sometida al
hombre, maquinismo que no impide su libertad.
Frente a la uniformidad y el uso formulario de la
máquina de escribir, ya entonces imaginaba Salinas
a una *Underwood girl* lanzándose libérrima a la
aventura sin sentido:

> Que se crean que es la carta,
> la fórmula como siempre.
> Tú alócate
> bien los dedos, y las
> raptas y las lanzas,
> a las treinta, eternas ninfas,
> contra el gran mundo vacío,
> blanco en blanco.
> Pon fin a la hazaña pura,
> sin palabras, sin sentido,
> ese, zeda, jota, i...

Pero los años, la experiencia americana y la guerra le revelaron en el desarrollo técnico sus aspectos
negativos. Lo que antes parecía juguete, o instrumento confortable, es ahora el mal. Y su conciencia
moral se rebela:

> Soy el que acusa al enemigo malo,
> al gran fraude del mundo, a la mecánica. [5]

NOTAS

[1] Unas pocas de estas poesías las incluyó el autor en el volumen *Todo más claro y otros poemas,* Buenos Aires, Sudamericana, 1949. Otras fueron publicadas por Juan Marichal en Italia en 1957. Las once que quedaban inéditas han aparecido por primera vez en *Poesías completas,* Barcelona, Barral, 1971, editadas por Solita Salinas de Marichal, con prólogo de Jorge Guillén.

[2] Carta de octubre de 1938, en *Volverse sombra y otros poemas,* ed. de Juan Marichal, Milán, 1957, p. 16.

[3] Coincidiendo con la publicación del poema de Salinas, Thomas Mann, desde el otro lado del Continente americano, decía en carta a William Earl Singer, fechada el 13 de agosto de 1944:

Wir sprachen viel ueber die Kunst [...] *Aber wir haben, glaube ich, nie ausgesprochen, was eigentlich der Grundinstinkt der Kunst und des Kuenstlers ist, ihr tiefstes Anliegen und Verlangen. Es ist die Dauer. Es ist das Verlangen, den Dingen, Erfahrungen und Gesichten, den Leiden und Freuden, der Welt, wie sie den Kuenstler erschien und damit zugleich seinem Ich, seinem Leben Bestaendigkeit zu verleihen. Der Kuenstler ist der geborene Gegner des Todes, der Vergaenglichkeit. Sein Ziel ist nicht der Ruhn, es ist etwas Hoeheres, wovon der Ruhn nur ein Akzident ist: die Unsterblichkeit. (Briefe 1937-1947,* S. Fischer Verlag, 1963, p. 384.)

Nosotros hablamos mucho sobre el arte [...]. Pero no hemos aclarado nunca, creo yo, lo que verdaderamente es el instinto fundamental del arte y del artista, su preocupación más profunda y su exigencia. Es la duración, es la necesidad de darle consistencia a las cosas, a las experiencias, a los rostros, a los sufrimientos, a las alegrías, al mundo y, al mismo tiempo, a su yo y a su vida, tal como se le aparecen al artista. El artista es el enemigo nato de la muerte, de la fugacidad. Su meta no es la fama, es algo superior, de lo cual la muerte sólo es un accidente: la inmortalidad.

[4] *Buenos Aires Literaria,* II, núm. 13, octubre 1953, p. 30.

[5] En la trayectoria de Salinas en el destierro hay otro aspecto muy importante, el de la lengua, del cual me ocupé hace tiempo en un ensayo recogido en el libro *Literatura, historia, política,* Madrid, Revista de Occidente, 1967.

9

Rafael Alberti, poeta social: Historia y Mito

D E todos los poetas españoles expatriados a consecuencia de la guerra civil de 1936, Rafael Alberti
es, sin disputa, el poeta del destierro por excelencia.
El mundo del desterrado como motivo poético no
está ausente del todo en ninguno de ellos, pero en
Alberti se presenta tan reiterada e intensamente y
con tal variedad que llega a constituir, por decirlo
así, la razón de ser de su poesía.

No por casualidad. La primera obra de Alberti,
publicada muchos años antes de su emigración política, era ya, en cierto modo, poesía de destierro.
El título lo está diciendo: *Marinero en tierra.* Canto
al mar desde tierra adentro, con la nostalgia de un
bien perdido y lejano. Mar infantil y alegre, con
sus sirenitas y pregones submarinos, que ya no vol-
verá a reaparecer en su poesía sino muy tarde y
fugazmente, entre una niebla de tristeza.

Las primeras composiciones del destierro efectivo
de Alberti aún tienen alguna nota que recuerda al
poeta juguetón de otros tiempos, pero esto ocurre
más bien en la poesía satírica. Así, por ejemplo, al
describir su "vida bilingüe" de refugiado español en
el poco grato París de 1939:

Musée du Louvre. El Prado.
Una peseta. Nada.
Mais ça c'est trop: 3 francs.
                    (Il ne faut pas oublier
                    que vous êtes un pauvre emigré)

Aun estos escorzos burlescos suelen ir acompaña-
dos de evocaciones dolorosas, que son las dominantes en otras poesías, como la que se inicia con una
imagen fluvial frecuente en desterrados anteriores
(Rivas, Martínez de la Rosa):

A través de una niebla caporal de tabaco
miro el río de Francia,
moviendo escombros tristes, arrastrando ruinas
por el pesado verde ricino de sus aguas.
Mis ventanas
ya no dan a los álamos y los ríos de España.

Tono grave que se acentúa al principio de su
etapa argentina, cuando expresa su ensimismamien-
to, sintiéndose encerrado en sus recuerdos y ajeno
al mundo que le rodea:

Anda serio ese hombre,
anda por dentro.
Entra callado.
Sale.
Si remueve las hojas con la tierra,
si equivoca los troncos de los árboles,
si no responde ni al calor ni al frío
y se le ve pararse
como olvidado de que está en la vida,
dejadle.
Está en la vida de sus muertos, lejos,
y los oye en el aire.

Como puede verse, el recuerdo de Alberti comprende también los años de guerra, y no adquiere sentido sin la evocación de la lucha en la que él mismo participó como "poeta combatiente".

> ¿Qué tienes, dime, musa de mis cuarenta años?
> —Nostalgias de la guerra, de la mar y el colegio.

Durante muchos años la poesía de Alberti fue expresando con insistente reiteración una experiencia personal (no exenta, ni mucho menos, de reminiscencias literarias) que abarca casi todo el repertorio de motivos que han caracterizado siempre a la poesía de destierro: la nostalgia del pasado, la soledad, la inadaptación al medio extraño, la gratitud al país de asilo, la libertad y la servidumbre de vivir en tierra ajena, el anhelo e incertidumbre del retorno a la propia. Con todas esas variaciones, sus poemas llegan a formar como una larga y permanente elegía, hasta el punto de provocar en el propio poeta una reacción adversa:

> No puede ser el hombre una elegía
> ni hacer del sol un astro fallecido.

Sin embargo, una gran elegía iba a ser su mejor poesía de madurez. Al acercarse a los cincuenta años de edad se produjo en Alberti un rejuvenecimiento poético del que —dejando aparte sus poemas a la Pintura— queda constancia en tres obras de destierro: *Retornos de lo vivo lejano, Ora marítima, Canciones y baladas del Paraná.*

En los *Retornos* nos transporta otra vez a su infancia y adolescencia, "mis años aún vivos sin muertes": la ciudad natal y el mar, los juegos con otros muchachos, los días del colegio, las manos de la

madre sobre el viejo piano, una mañana de primavera, el primer amor. Evocación que hace surgir,
irreprimible, el llanto:

> Me encontrará la noche llorando en esta umbría,
> ya que desde tan lejos me traje aquí el otoño,
> llorando, sí, llorando,
> porque llegó el momento de gritar que lo estoy
> sobre tantas preciosas ruinas sin remedio.

De sus años escolares nos había dado Alberti una
visión entre amarga e irónica:

> tanta ira,
> tanto odio contenidos sin llanto,
> nos llevaban al mar que nunca se preocupa de las
> [raices cuadradas,
> al cielo libertado de teoremas,
> libre de profesores,
> a las dunas calientes,
> donde nos orinábamos en fila mirando hacia el
> [colegio.

Al escapar ahora con el recuerdo hacia los leja-
nísimos años del colegio, éste ha perdido sus más
odiosos aspectos, aunque quede el anhelo infantil de
libertad:

> Como un látigo, el I lo sube en el pescante
> del coche que el domingo lo lleva a las salinas
> y se le fuga el 0 rodando a las bodegas,
> aro de los profundos barriles en penumbra.
> El mar reproducido que se expande en el muro
> con las delineadas islas en breve rosa,
> no adivina que el mar verdadero golpea
> con su aldabón azul los patios del recreo.

En un poema dramático de 1934 titulado "La familia", el poeta revolucionario se enfrentaba con la hermana devota y con el hermano reaccionario de un modo radical y violento:

Que la Iglesia te premie,
que te premie tu Estado,
que el Papa
ponga su pie al alcance de tus labios;
que los obreros y los campesinos
te cuelguen de una estaca como un espantapájaros.

Ahora, en cambio, hermanas, hermanos, aparecen reunidos con él sin hostilidad, en torno a la figura de la madre.

Y es ahora, distante,
más infinitamente que entonces, desterrado
del comedor primero, del rincón en penumbra
de la sala, es ahora,
cuando aquí, tembloroso,
traspasado de invierno el corazón, María,
Vicente, Milagritos, Agustín y Josefa,
uno, el seis, Rafael, vuelve a unirse a vosotros,
por la rama, el amor, por el mar y la pena,
a través de unas manos lloradas que se fueron.

La desolación de un paraíso perdido la había expresado Alberti en *Sobre los ángeles* de una manera apasionada, con ritmo casi siempre cortante y seco; en *Retornos de lo vivo lejano,* de verso amplio y lento, lo que predomina es el tono melancólico. Raras veces hay acentos de desesperación, aunque tampoco ésta falte:

Miro el otoño, escucho sus aguas melancólicas
de dobladas umbrías que pronto van a irse.

> Me miro a mí, me escucho esta mañana
> y perdido ese miedo
> que me atenaza a veces hasta dejarme mudo,
> me repito: confiesa,
> grita valientemente que quisieras morirte.

La infancia, la juventud, todo se ha ido; pero queda invariable la poesía. Y Alberti la utiliza, igual que otros desterrados, como tema poético, y no tan sólo para afirmar su propia estética. La poesía se ha convertido para él en el único bien permanente, gracias al cual se siente aún vivir, mientras el destierro queda anulado:

> Tú eres lo que me queda, lo que tuve.

Si los *Retornos de lo vivo lejano* son poesía del pasado, la *Baladas y canciones del Paraná* nos sitúan en el presente, pero un presente vacío, habitado únicamente por el poeta y su soledad:

> ¡Soledad de un andaluz
> del otro lado del río!
> ¿Qué hará solo ese andaluz
> del otro lado del río?

Tanto en las baladas como en las canciones, el tema se repite constantemente:

> A la soledad me vine
> por ver si encontraba el río
> del olvido.
> Y en la soledad no había
> más que soledad sin río.

Esa soledad se intensifica acompañada por el silencio, el vacío y la inmovilidad. Sólo el viento se

ASPECTS SOCIALES DE LA LITERATURA ESPAÑOLA 205

mueve, y apenas el "caballo olvidado", la "paloma
perdida", el "agua que no corría" completan la imagen de un mundo espectral, sin vida:

> Soplaba el viento del río.
> La casa deshabitada.
>
> ....
> Llenas de sueño las manos.
> Bien llenas, pero vacías.
>
> ....
> Aquí cuando muere el viento,
> desfallecen las palabras.
>
> ....
> Pero este campo está fijo,
> quieto el sol, sin movimiento.

En medio de la soledad surge de vez en cuando,
compensadora, la evocación del amigo. Para un espíritu solidario como el de Alberti, la soledad es un
mal, no, como para los románticos, el deseado apar-
tamiento de quien se siente hostil o indiferente a
la sociedad humana. Este poeta necesita de los
demás; es un combatiente que quiere identificarse
con otros y que hasta en su labor poética dice buscar la aprobación del camarada.

El amigo no podía menos de estar presente en su
poesía de destierro; lo está desde el principio, como
en los versos de gratitud que dirige a sus "amigos
uruguayos". Ahora bien, los que aparecen en las
Baladas son principalmente amigos ya desaparecidos: Antonio Machado, Gabriel Miró, Federico
García Lorca, Miguel Hernández, Pedro Salinas.

La elegía a Salinas es una de las más breves y
menos grandilocuentes que se han escrito en español. No pertenece, claro está, a la estirpe de la oda
herreriana, ni recuerda tampoco el "Verte y no

verte" a Sánchez Mejías del propio Alberti. Es una elegía íntima y sencilla, que se dirige al amigo en lenguaje conversacional:

> ¡Qué dolor que te hayas ido
> sin haberte visto más,
> como yo hubiera querido!
> Amigo.

La palabra "amigo" se repite al final de las breves estrofas como un estribillo (el poema se titula canción). Y aunque ese amigo esté ya lejos para siempre y lo vea en el pasado

> (Te escucho alegre en tus balcones.
> Por las calles alegre te sigo.
> Tu voz me canta como en sueño.
> Pero, amigo, qué lejos, amigo.)

a él se dirige hablándole en presente y de modo directo, con lo cual la imagen de la muerte pierde su dramatismo, dulcificándose como en las antiguas estelas funerarias:

> Mientras, al pie de estos naranjos
> junto a estos barrancos y ríos
> descansa a mi lado, amigo.

La transformación de la muerte en el encuentro con el amigo contribuye también a velar la sensación que el poeta tiene de verse él mismo cada vez más cercano al morir. Un día los dos descansarán juntos en aquella tierra que no fue para ellos todo lo buena que quisieron. Y la canción termina con una nota de melancólica resignación, de serenidad:

> Dichosa sube la mañana.
> Siéntate junto a mí, buen amigo.

La obra de Alberti en los largos años de emigración no se ha reducido a la poesía de destierro.

Según declaración propia que figura en algunas ediciones de sus poesías, Alberti puso su obra desde 1930 al servicio de una causa política. En 1933 recogió en *Consignas* sus primeros versos revolucionarios, en 1934 fundaba la revista *Octubre,* en 1935 publicaba, después de un viaje a México y Cuba, *13 bandas y 48 estrellas* contra el imperialismo yanqui.

Durante la guerra española vino a ser como el poeta oficial del partido comunista. En sus poemas a la defensa de Madrid, a las brigadas internacionales, o en la farsa *Los salvadores de España,* pasó con rara facilidad del himno combativo a la sátira política.

En el destierro siguió escribiendo, aunque más espaciadamente, poemas de uno y otro género, que están recogidos principalmente en *Vida bilingüe de un refugiado español en Francia* (1942), *Coplas de Juan Panadero* (1949) y *Sonríe China* (1958).

Victor Hugo reunió en *Les Châtiments* sus versos políticos de destierro, y agrupó los líricos en *Les Contemplations.* Unamuno colocó juntos unos y otros en *De Fuerteventura a París* porque su ordenación era la cronológica de un diario; pero poco después, en el *Romancero del destierro,* puso unas poesías en la primera parte de la obra y dejó los más combativos romances en la segunda. Sin gran rigor, por considerar todos los poemas, con razón, "poesía de circunstancias" en el sentido goethiano.

También Alberti ha separado en sus publicaciones una parte de su poesía de destierro de la estrictamente social. Sin embargo, la relación entre una y otra es en su caso muy estrecha. Por encima del

acontecer histórico concreto, que apenas sobrepasa
la sátira política, Alberti ha tendido siempre a miti-
ficar situando la realidad fuera del tiempo y valiéndose de imágenes permanentes. Así, por ejemplo, el
pueblo español, cuya presencia en su obra es casi
constante, está representado por el toro. En la poesía
clasicista (Quintana, Nicasio Gallego) el pueblo español solía aparecer bajo la figura del león, ese león
que perduró en las monedas hasta este siglo, des-
valorizado por el propio pueblo al convertirlo bus-
lescamente en "perra" gorda o chica. Alberti ha
preferido el toro. Toro que puede venir: de la "piel
de toro" del mapa de España, que todos aprendimos
en la escuela sin poder visualizarla muy bien porque
no todos habíamos visto pieles de toro extendidas;
del toro combativo de las corridas, animal bravo y
vigoroso, pero que se deja engañar fácilmente; del
toro de las marismas del Guadalquivir (el toro poético y misterioso de Fernando Villalón), enlazado a
su vez con Gades, Gerión y Hércules, es decir, con
un mito antiguo. Alberti ya había dicho en su
poema *A la Pintura*

> sentí en la sangre mía
> arder los litorales de la mitología.

Así ocurre en *Ora marítima*. Este libro, glorificación poética de Cádiz, es por una parte una evocación de la infancia del poeta, como *Marinero en
tierra,* y al mismo tiempo la proyección de esa infancia feliz en un Cádiz mucho más lejano: el
Cádiz primigenio de los mitos griegos, que quedan
ya propiamente fuera de la historia.

Si no me equivoco, fue William Empson, en sus
estudios sobre la poesía pastoril inglesa, el primero
que señaló hace muchos años el carácter proletario

y social de la literatura pastoril renacentista. La española —que Empson desconocía seguramente— no sólo justifica sus observaciones, sino que permitiría completarlas.

Ni el estilo, tan refinado y poco popular, ni el ser obra de cortesanos o de quienes estaban a su servicio, le quitan a la literatura pastoril su tendencia antiaristocrática. (Más tarde, la literatura antiburguesa habría de ser a su vez obra de burgueses.) "Assaz desfavorecido de los bienes de la naturaleza —se dice en la *Diana* de Montemayor— está el que los va a buscar en los pasados". Lo cual significa que nada tienen que ver con el linaje los únicos bienes importantes, o sea los otorgados por la Naturaleza. Sólo éstos cuentan, y no los de Fortuna.

El personaje esencial que da nombre a esta literatura es el pastor, es decir, la más humilde figura de la escala social. Pero sobre él recaen las virtudes que fueron un día privilegio del noble, muy en primer término el amor. Lope de Vega, cuyo drama rural es afín al mundo pastoril, dejará estupefacto al lector de *Fuenteovejuna* haciendo que unos pobres campesinos, Barrildo, Mengo y Laurencia, entren en sutil disquisición sobre la naturaleza del amor, citando nada menos que a Platón, para mostrar que el entendimiento amoroso no es exclusivo de una clase social superior; del mismo modo que otorgará al plebeyo el sentido del honor propio del caballero.

La literatura pastoril es también antiguerrera. El pastor simboliza la paz. El guerrero Garcilaso, primer poeta pastoril castellano, es también el primero en condenar la guerra:

la inhumana
furia infernal, por otro nombre guerra.

En realidad, toda la literatura pastoril es una exaltación de la paz, y no podía ser de otra manera puesto que se funda en el amor y en la armonía de la naturaleza. Por eso restaura el mito de la Edad de oro, de aquella Arcadia feliz en donde, como decía Don Quijote a los cabreros, "todo era paz y contento".

No faltan, pues, motivos para poner en relación esa nostalgia de la perdida felicidad humana con las utopías políticas de los tiempos modernos. Ya es un indicio significativo que nacieran al mismo tiempo (*Arcadia* de Sannazaro, 1504; *Utopía* de Moro, 1516). Claro está que una de las principales diferencias consiste en que el ideal de perfección social lo coloca la poesía renacentista al principio de la historia (o más bien, antes de empezar, puesto que la Arcadia pastoril está, en presente perpetuo, fuera del tiempo), mientras que en las utopías se sitúa al margen o al final de la historia, tras la "lucha final" que dice el más conocido de los himnos proletarios (con lo cual es de suponer que se acabe también la historia).

Sin embargo, el eslabón intermedio, el paso de la Edad de oro primigenia a la del futuro, aparece bien claro en el siglo XVIII, principalmente en el máximo revolucionador de su tiempo, Juan Jacobo Rousseau. Rousseau hereda del Renacimiento la idea del hombre naciente, del salvaje que los viajes de la época dieron a conocer, equiparándolo al hombre primitivo, más feliz que el civilizado, entre otras cosas por desconocer la propiedad. Ese estado intermedio, a igual distancia entre la estupidez de los brutos y las luces funestas del hombre civil, fue la edad más feliz, la juventud del mundo, ya que los progresos ulteriores, al parecer favorables para la perfección del individuo, no han traído más que decrepitud y corrupción. De aquel estado de la humanidad traza Rousseau el siguiente cuadro:

> *Tant que les hommes se contentèrent de leur cabanes rustiques, tant qu'ils se bornèrent à coudre leurs habits de peaux avec des épines ou des arrêtes, à se parer de plumes et des coquillages, à se peindre les corps de diverses couleurs, à perfectioner ou embellir leurs arcs et leurs flèches, à tailler avec des pierres tranchantes quelques canots de pêcheurs ou quelques grossiers instrumens de musique; en un mot tant qu'ils ne s'appliquèrent qu'à des ouvrages qu'un seul pouvoit faire, et qu'à des arts qui n'avoient pas besoin du concours de plusieurs mains, ils vécurent libres, sains, bons, et heureux autant qu'ils pouvoient l'être par leur nature, et continuèrent à jouir entre eux des douceurs d'un commerce independant.*

Pero Rousseau no equipara simplemente al salvaje con el hombre naciente para hacer su elogio, sino que lo relaciona con el pueblo, con el populacho y "la canalla" de su tiempo, para hacer ver así las consecuencias de la desigualdad existente en la sociedad civilizada, tan opuesta al orden natural:

> *Il est manifestement contre la loi de nature, de quelque manière qu'on la définisse, qu'un enfant commande à un vieillard, qu'un imbécille conduise un homme sage, et qu'une poignée de gens regorge de superfluités, tandis que la multitude affamée manque du nécessaire.*

Por eso, lejos de contentarse con un ensayo sobre los orígenes de la desigualdad provocada por la riqueza, intenta luego con el *Contrato social* sentar las bases de una nueva sociedad que pueda restablecer en cierto modo el bien perdido primigenio.

Rousseau deja entonces el pasado y pone su mirada en el futuro.

En *Ora maritima* hay un poema titulado "La Atlántida gaditana" en donde la felicidad humana de un ayer remoto se enlaza con la del porvenir. Quien habla en primera persona es Alberti:

> Iba alegre, en un coche de caballos
> hacia la Santa Luz, hacia Sanlúcar,
> sin saber que los campos de los viejos abuelos,
> que las huertas marinas de tomates
> y soleadas calabazas eran,
> ya ante las aguas y los aluviones
> del Guadalquivir, playas,
> dunas del sueño de Platón, vestigios
> de su perdido reino azul de los Atlantes.

Esto ocurrió antes, durante la infancia alegre del poeta. Ahora, desterrado, desde la otra orilla del mismo mar, quiere volver y sumergirse en el sol misterioso de aquel perdido reino azul:

> Lejos, sentado ahora en las contrarias
> orillas, recibiendo
> las mismas oceánicas olas, me voy con ellas,
> llego con ellas y mis ojos hundo,
> todo yo me sumerjo en tan antiguo
> sol misterioso, isleña
> raza potente desaparecida.

Et in Arcadia ego. Sumergirse en tan antiguo sol, ser partícipe de aquella potente raza. Pero la estrofa siguiente —que no puede leerse sin recordar la "Salutación del optimista" de Rubén Darío— inicia una transición:

> Álzate, surge, sube, asciende de los hondos
> despeñaderos submarinos. Véate

pura y viril poblar la nueva tierra.
Renovadas se ostenten tus remotas virtudes.
Hombros inexpugnables, corazones
incorruptibles, manos inmáculas emerjan.
Corra tu ardor por la cansada sangre.

Ese mundo originario no está ahí fijado para
siempre en el mito y ser evocado luego nostálgica-
mente. Tiene que volver otra vez para renovar con
su ardor, con sus hombres puros y fuertes, a una
raza decaída. El poeta aspira a un mundo mejor:

Pechos doblados sufren hoy el mundo,
prestos a henchirse de tan limpios hálitos.
Puedan los hombres respirar tranquilos,
mirar al cielo sin beber la muerte.
Ancha morada, límites sin llaves,
de par en par se extiendan para todos.
Sueño no sea, estrella de una noche,
sino solar imagen que presida,
alta y perenne luz, los continentes.
Así temblores, así cataclismos,
primitivas catástrofes un día
no podrán de la tierra hacer de nuevo
la perdida isla azul de los Atlantes.

Entonces, cuando los hombres sujetos hoy a un
yugo vivan en paz, sin temores ni prisiones, ilumi-
nados por una luz radiante, el poeta reanudará su
marcha:

Y otra vez, en un coche de caballos,
volveré alegre a ir por mis caminos
hacia la Santa Luz, hacia Sanlúcar.

El poema termina como empieza, pero pasando
del "iba" al "volveré", del pasado feliz a un futuro
que no lo será menos. La Edad de oro originaria

queda así enlazada a ese mañana al que aspira la humanidad.

O mejor dicho, la aspiración se ha convertido en realidad. En uno de los poemas sobre la China se dice:

> ¡Qué vaivén! Bulle el agro. Se abren nuevos caminos
> por donde se derrama la verde agricultura.
> En esta nueva Arcadia ni el eco escucharía
> los alternados cantos de los viejos pastores.

Una Arcadia nueva con campesinos en vez de pastores, pero Arcadia al fin, y tan feliz como la otra. El viejo sueño se ha realizado.

Es curioso observar que en los poemas a la China revolucionaria de nuestro tiempo, apenas entra en juego la historia, y que el tono combativo ha desaparecido casi por completo. Lo que domina en esa China sonriente de Alberti es una visión idílica poblada de flores y jardines (varias poesías llevan título floreal) y en donde la palabra "primavera", imagen de lo nuevo y juvenil, se repite constantemente:

> Y sufrí por ti entonces y di por ti mi sueño
> y bregué como pude para tu nueva vida
> y despertarme un alba bajo el jardín risueño
> de tu maravillosa primavera florida.

En la poesía española del siglo xx, Rafael Alberti podría ser considerado —sin detrimento alguno de su intención política— como el poeta bucólico de la revolución.

10

Perfil literario de una emigración política*

Por su número y calidad, los poetas ocuparon lugar preferente en la emigración republicana provocada por la guerra de 1936, que fue un verdadero éxodo poético. De los diecisiete poetas representados en una antología publicada por Gerardo Diego en 1932, uno de ellos había fallecido poco antes; dos —García Lorca y Miguel Hernández— murieron, ya sabemos cómo, al empezar y poco después de terminar la guerra civil, respectivamente; cuatro quedaron en España; los diez restantes —Antonio Machado, Juan Ramón Jiménez, José Moreno Villa, Pedro Salinas, Jorge Guillén, Juan Larrea, Emilio Prados, Luis Cernuda, Rafael Alberti y Manuel Altolaguirre— salieron para el destierro.

Claro está que esta selección, ya en su tiempo incompleta, no da idea cabal del conjunto poético de la emigración. Entre los desaparecidos, que son la mayoría, señalaré como representantes de

---

* Este ensayo es ampliación de unas páginas leídas en el Coloquio sobre la emigración republicana española organizado por la George Washington University de Washington, D. C. el 5 de diciembre de 1969, en el que participaron igualmente Francisco Ayala y José R. Marra López.

promociones literarias diferentes a León Felipe, Enrique Díez-Canedo, Juan José Domenchina, José María Quiroga Pla, Pedro Garfias, Bernardo Clariana. Añádanse luego tanto a Ernestina de Champurcín, Concha Méndez, Arturo Serrano Plaja, Antonio Aparicio y Juan Rejano, como a Manuel Durán, Tomás Segovia, Francisco Giner y José M. García Ascot, estos últimos hijos ya de emigrados. [1]

Aunque el reconocimiento internacional no sea siempre la mejor medida del valor poético, hay que recordar que además del Premio Nobel otorgado a Juan Ramón Jiménez en 1956, Jorge Guillén recibió en Italia el Etna-Taormina tres años después, y Rafael Alberti el de Lenin en 1965.

La nota que resalta enseguida en la producción de quienes eran ya conocidos antes de la guerra es el cambio. Cambio más o menos acusado pero bien visible en el estilo, la visión de la realidad, la temática o el tono. ¿Quién diría a primera vista que el Juan Ramón Jiménez de *Animal de fondo* es el mismo autor del *Diario de un poeta recién casado*? Claro está que tampoco el *Diario* se parece a *Arias tristes* o a las *Baladas de primavera*. Y que tratándose justamente de poetas que vivieron en una época de experimentación casi permanente (el Lorca del *Romancero gitano* y el de *Poeta en Nueva York*) ningún cambio es sorprendente ni cabe atribuirlo sin más a las circunstancias del destierro, puesto que también ocurre en otros que no emigraron, como Dámaso Alonso.

Pero es indudable que con el destierro se abre para ellos un nueva trayectoria, a pesar de que la suya no era ya una poesía juvenil. Así vemos a Juan Ramón Jiménez abandonar la búsqueda de lo imperecedero en su propia creación poética, y orientarse al final, casi súbitamente, hacia una visión transcendente y religiosa de la realidad.

Pedro Salinas, que había logrado dar una nueva dimensión a la poesía amorosa castellana, será después el cantor elegíaco y moral de la destrucción bélica, mientras busca en las hermosuras de la naturaleza la salvación que la sociedad mecanizada y técnica de nuestro tiempo hace imposible.

Jorge Guillén acaba completando con ordenada perfección *Cántico*, la poesía gozosamente afirmativa de la realidad de este mundo; pero luego nos irá ofreciendo, hasta formar un nuevo cuerpo poético, *Clamor*, la visión del lado sombrío (sin contar, por último, la sorprendente novedad de *Homenaje*) Desaparecen el beato sillón, el otoño del gozo, y aparecen por primera vez en sus versos la sátira y la elegía.

La poesía de Alberti, en contraste con la alegría y gracia de sus primeros versos, cantará ahora sobre todo en recurrente elegía su destierro, su soledad, su juventud lejana. Poco antes de morir, León Felipe, ya octogenario, realizaba el milagro de su mejor libro poético. ¿Y qué decir de Larrea, apenas conocido antes por exigua minoría, transformado durante el destierro en el profeta surrealista de América, para lanzar al final —en Italia— su primer volumen de poemas?

Desaparecido trágicamente el más valioso de los dramaturgos españoles del período de la República, hubo entre los restantes varios emigrados. Además de algún superviviente del teatro de principios de siglo como María Martínez Sierra, que a los 85 años aún publicó varias piezas teatrales, y Enrique López Alarcón, seguidor un día del llamado teatro poético de Villaespesa y Marquina, hay que recordar los nombres de Jacinto Grau y Alejandro Casona, que residieron, el primero hasta su muerte y el segundo unos veinte años, en Buenos Aires.

Circunstancia explicable. En el dilatado ámbito hispanoamericano, fuera de Buenos Aires y de México, apenas había ciudades con vida teatral propia. Aun así, solamente Casona pudo seguir dando a la escena sus nuevas producciones. Jacinto Grau, que ya en España fue escritor dramático más leído que representado, hubo de contentarse y no siempre con la impresión de las que iba escribiendo, aunque alguna de ellas se tradujo y fue radiodifundida ¡en un país escandinavo!

El teatro de la emigración no quedó, sin embargo, limitado a esto. Junto al espectáculo profesional, otras organizaciones teatrales, más o menos estables, permitieron la representación de obras de escritores que no se habían distinguido anteriormente como dramaturgos.

En México, algunas compañías profesionales, a las que pertenecían buen número de actores expatriados, llevaron a la escena obras de León Felipe, Max Aub, Paulino Masip. Claro que no pocas de las producciones de esos y otros autores quedaron en las páginas de un libro, cuando no inéditas, o se representaron únicamente traducidas a otro idioma (*Manuela Sánchez* de César R. Arconada, en ruso, en 1952).

Pedro Salinas, que apenas había intentado el género dramático en España, llegó a escribir en los Estados Unidos una docena de obras. Pero sólo una, *La fuente del arcángel*, fue representada por un grupo de profesores y estudiantes de español en el teatro de Columbia University de Nueva York en 1951. José Bergamín, que hizo representar en México un ballet con música de Rodolfo Halffter, encontró en Caracas escenario para *La niña guerrillera*.

En México reanudaron algún tiempo el teatro infantil que les dio nombre en España Salvador Bartolozzi y su colaboradora Magda Donato, la cual se reveló más tarde como actriz. A otra actriz, también expatriada y muy famosa, Margarita Xirgu, se debió la representación de importantes obras del teatro español moderno, entre ellas *La casa de Bernarda Alba* de García Lorca, estrenada en Buenos Aires en 1945. La misma actriz representó en la misma ciudad *El adefesio* de Alberti.

La emigración española dio a Francia una de sus mejores actrices en los años siguientes a la guerra mundial; pero María Casares se formó y actuó allí profesionalmente y pertenece por tanto al teatro francés.

Entre los jóvenes que empezaron a escribir después de la expatriación, merece destacarse a José Ricardo Morales, hoy uno de los representantes en Chile del llamado "teatro del absurdo". José García Lora, emigrado en Inglaterra, ha publicado alguna pieza dramática en español, pero la mayor parte de su producción ha sido escrita en inglés.

Cipriano Rivas Cherif, que en Madrid estuvo al frente de varias organizaciones teatrales, una de ellas el Teatro Escuela de Arte, dirigió en México el Teatro Español de América. Más tarde Álvaro Custodio se distinguió como director del Teatro Clásico de México.

En la cinematografía, aquel fue el país más propicio para la emigración española. Allí encontraron ocupación como directores, actores o técnicos numerosos refugiados. Allí empezó a adquirir renombre mundial Luis Buñuel. Como director se ha dado a conocer igualmente Carlos Velo.

La novela no fue ciertamente el género literario predilecto en la España de Ortega y de García Lorca. El predominio de la poesía lírica, juntamente con una estética adversa a toda representación con visos reales de la condición humana, lo que parecía vulgar, mal podía favorecer a la narración novelesca, en trance forzoso, por otra parte, de renovación, ya que la cultivada por las generaciones anteriores parecía agotada. Lo más que aceptaron aquellos refinados intelectuales de la deshumanización del arte y de la metáfora gongorina fueron por un momento las novelas de Benjamín Jarnés o de Ramón Gómez de la Serna, en donde el género narrativo quedaba reducido, entre imágenes y greguerías, a su mínima expresión.

No tardó, sin embargo, en recobrarse la novela en manos de unos cuantos escritores, muy jóvenes entonces, que le dieron forma nueva y direcciones diversas. Y son justamente algunos de ellos —Max Aub, Ramón Sender, Francisco Ayala— los que más se han distinguido después en la emigración por su producción novelística. [2]

Sería difícil caracterizar ni en sus rasgos más generales la obra de dichos escritores, valiosa en unos casos como testimonio literario del mundo en que vivieron, y en otros por la certera captación de la realidad, o por su novedad técnica.

Me limitaré a señalar esquemáticamente ciertas diferencias en el desarrollo de un tema común, que no es de todos modos, ni mucho menos, el de más relieve en su obra de conjunto. Me refiero a la guerra de España.

Max Aub, por ejemplo, nos presenta en *Campo del Moro* una trama novelesca dentro del marco histórico, reproducido directamente con su localización, nombres y hechos; mientras que al mismo tiempo lo ficticio nos da el sentido, la interpretación de la historia. Procedimiento característico de Galdós, a quien justificadamente dedica el autor su obra.

En *Los cinco libros de Ariadna*, Ramón Sender, más ambicioso, trata de unir el elemento histórico con la caracterización del personaje, la creación de símbolos con la descripción de ambientes, juntamente con el empleo de procedimientos técnicos tan variados a veces como contrapuestos.

En las narraciones de Francisco Ayala recopiladas en el volumen *La cabeza del cordero*, apenas hay, en cambio, la menor referencia histórica. Lo importante para él es penetrar en el complejo mundo interior de las motivaciones humanas. Nadie podrá decir que a Ayala le son indiferentes las cuestiones sociales o los problemas políticos; su obra como ensayista y sociólogo está proclamando lo contrario. Sin embargo, el novelista Ayala, aun colocando a sus personajes en un contexto social, rehuye la interpretación sociológica. Sus creaciones imaginativas, atentas a la intrínseca naturaleza humana, son esencialmente novelas psicológicas, en donde el autor une a su lúcida visión de la realidad la creencia en el pecado original; pecado desprovisto de trascendencia religiosa que representa el fondo irracional de la vida humana.

En torno al tema de la guerra giran otras narraciones de tipo muy diverso. *El diario de Hamlet García* de Paulino Masip, nos presenta el conflicto del intelectual puro en medio de la dramática contienda civil; mientras que *La novela del indio Tupinamba* de Eugenio F. Granell nos da de la guerra una visión esperpéntica de factura surrealista y tono humorístico.

La propia emigración ha sido asunto narrativo de otros autores, desde Esteban Salazar Chapela, que trazó el cuadro de la suya en Inglaterra, *Perico en Londres,* hasta Roberto Ruiz, que en *El último oasis* revive sus recuerdos infantiles en los campos de concentración de Francia. En este grupo hay también la obra humorística, como *El refugiado Centauro Flores* de Antonio Robles, conocido principalmente por sus narraciones infantiles.

Si en la narración novelesca Francisco Ayala es un ejemplo del cambio que caracteriza la trayectoria de numerosos escritores a partir de la emigración, Benjamín Jarnés podría mencionarse como excepción a la regla. Poco nuevo escribió en México. Una parte de lo publicado allí había sido redactado durante la guerra de España y aun mucho antes. Pero ni la guerra ni el destierro dejan la más mínima huella en su obra. Apenas hay en toda la literatura de la emigración, ni aun en la más íntima y evasiva producción de los poetas, un caso de alejamiento tal de la realidad circunstante. Fiel a su concepto y práctica del arte novelesco, Jarnés siguió ofreciendo en *La novia del viento,* en *Venus mecánica* un mundo impulsado por Eros, visto irónicamente y expresado en una prosa refinada, ingrávida y metafórica.

Caso parecido al de Jarnés es el de Rosa Chacel, aunque lo que caracteriza sus narraciones largas y breves sea la morosa descripción del mundo interior del personaje novelesco.

Además de Arturo Barea hay que mencionar entre los narradores que se revelaron en el destierro

con personalidad propia a Segundo Serrano Ponce-
la, que se ha distinguido también como crítico, y
a Manuel Andújar.

Pero la nómina de los que han cultivado la no-
vela con mejor o peor fortuna comprende muchos
otros nombres: José Herrera Petere, María Teresa
León, Daniel Tapia, Luisa Carnés, Simón Otaola,
Virgilio Botella, Clemente Cimorra, Pablo de la
Fuente, Clemente Airó, etc., etc. [3]

Pocos son los escritores de nuestro tiempo que
no hayan ejercido alguna vez la crítica literaria.
Como son pocos también los que por gusto o necesidad le han dedicado sus mejores y más perseveran-
tes esfuerzos. Estos últimos tuvieron, sin embargo, en
la emigración quien los representara cumplidamente.
Así, por ejemplo, Enrique Díez-Canedo, literato cabal que en los pocos años que sobrevivió al destierro
prosiguió cultivando la poesía además de la crítica:
Ricardo Baeza, difusor mediante la traducción principalmente, como antes de la guerra, de autores
extranjeros; José Luis Sánchez-Trincado, prematu-
ramente desaparecido; y Guillermo de Torre, cuya
copiosa producción como crítico de las letras con-
temporáneas no se ha limitado a las de lengua
española.

Otros escritores han hecho durante la expatriación aportaciones importantes. A un poeta y profesor universitario, Pedro Salinas, se deben varios
estudios que enfocan con nuevas perspectivas la
poesía española e hispanoamericana. No menos ori-
ginales que su poesía fueron los ensayos críticos de
Luis Cernuda, en los cuales se analiza la obra
de autores extranjeros, particularmente ingleses, con
raro conocimiento y sutileza. La crítica de Francisco Ayala ha contribuido a esclarecer aspectos

controvertidos en la obra de escritores españoles antiguos y modernos con no menor penetración que la desplegada en sus propias creaciones.

A los anteriores podrían añadirse los nombres de José Bergamín, cuyo retorcido conceptismo corre parejas con su ingenio, y Juan Chabás, que derivó hacia una crítica de orientación marxista.

Entre los que se dieron a conocer en el destierro merece particular mención Antonio Sánchez Barbudo por sus estudios sobre Unamuno, Antonio Machado y otros escritores contemporáneos. Más jóvenes aún, como pertenecientes a la generación formada ya por hijos de emigrados, son Manuel Durán, cuya versátil pluma ha abordado los temas más variados de la literatura española y extranjera, Juan Marichal, autor de valiosos estudios sobre el pensamiento político español de nuestro siglo, y Carlos Blanco Aguinaga, que en su crítica pasó del formalismo estilístico a la interpretación social marxista. Claudio Guillén, que escribe principalmente en inglés, se ha distinguido en el campo de la literatura comparada.

La crítica de arte ha tenido varios cultivadores. Entre los refugiados en Méjico, Ricardo Gutiérrez Abascal, director que fue del Museo de Arte Moderno en Madrid, conocido bajo el pseudónimo de *Juan de la Encina* por sus estudios sobre pintores franceses y españoles de la época contemporánea; el escritor José Moreno Villa; la combativa periodista Margarita Nelken; Ceferino Palencia. La residencia en un país que como los demás de Hispanoamérica apenas cuenta en sus museos con muestras de pintura europea antigua o moderna, pero donde existe una vigorosa escuela nacional, ha sido seguramente la razón de que estos críticos consagraran buena parte de su obra en el destierro a la pintura mexicana.

José López-Rey, largos años dedicado a la enseñanza en universidades norteamericanas, ha publicado varias obras sobre los grandes pintores españoles del pasado, mientras que un joven refugiado en Chile, hoy chileno de nacionalidad, Leopoldo Castedo, también profesor universitario en los Estados Unidos, se ha dado a conocer como historiador del arte hispanoamericano.

Adolfo Salazar, músico y ensayista conocido en España principalmente por sus crónicas en *El Sol* de Madrid, se dedicó en México sobre todo a los estudios históricos dentro de su especialidad. Su abundante producción culminó en una obra monumental, *La música en la sociedad europea*. A la hispanoamericana y mejicana se consagró Otto Mayer-Serra. Vicente Salas Viu fue profesor en el Conservatorio Nacional de Música de Chile y ha dejado varias obras de crítica e historia musical. En Inglaterra vivió un gran conocedor de la música popular española, Eduardo Martínez Torner, y en México, donde residió muchos años, Jesús Bal y Gay, a quien se deben, entre otros, varios estudios sobre música antigua española.

Los dos últimos musicólogos pertenecieron en España, antes de la guerra, al Centro de Estudios Históricos, institución fundada en 1910 bajo la dirección de Ramón Menéndez Pidal, por la Junta para Ampliación de Estudios. No pocos de sus colaboradores figuran en la emigración que nos ocupa: Homero Serís, Américo Castro, Tomás Navarro Tomás, Pedro Salinas, Claudio Sánchez-Albornoz, Clemente Hernando Balmori, José F. Montesinos, Ramón Iglesia y otros menos significados.

Todos ellos, no obstante las diferencias de edad
y sus personales circunstancias, desplegaron en el
destierro considerable actividad aun prescindiendo
de su labor docente. Baste mencionar —dejando
aparte a Pedro Salinas, ya citado como poeta y crítico— los estudios filológicos y de versificación española de Tomás Navarro (cuyo Atlas Lingüístico
de la Península Ibérica, casi ultimado al empezar
la guerra civil, apenas ha empezado a publicarse en
España); los bibliográficos de Homero Serís; los
de filología clásica de Hernando Balmori; los de
Montesinos, conocido anteriormente por sus trabajos sobre escritores antiguos, especialmente Lope de
Vega, y que durante la emigración ha renovado
nuestro conocimiento de la novela española del
siglo XIX; los estudios históricos del malogrado Ramón Iglesia; los numerosos del medievalista Sánchez-Albornoz; y por último, *last but not least,* la
obra de Américo Castro, que desde *España en su
historia* (1948) hasta sus postreros escritos, ha abierto, no sin controversia, nuevos y fecundos horizontes a la historiografía española.

De otro organismo, el Institut d'Estudis Catalans,
creado en Barcelona el mismo año (1907) que la
Junta para Ampliación de Estudios en Madrid, procedían —dejando aparte ahora científicos y literatos
eminentes como Augusto Pi Sunyer y José Carner—
varios filólogos e historiadores que durante su expatriación han publicado obras de considerable
importancia. Así, por ejemplo, Pedro Bosch Gimpera, cuyos trabajos sobre la prehistoria de la Península ibérica son ya clásicos, y Joan Corominas, a
quien se debe el monumental *Diccionario crítico
etimológico de la lengua castellana,* de todos conocido.

A otro colaborador de aquel Instituto, Luis Nicolau D'Olwer, aunque medievalista anteriormente, habría que agruparlo con los emigrados que se distinguieron por sus aportaciones a la historia de Hispanoamérica en el período colonial. En primer término el maestro de todos ellos, Rafael Altamira, seguido por José María Ots Capdequí, Agustín Millares, José Miranda y Javier Malagón.

Si la obra de algunos filólogos e historiadores va unida al nombre de Menéndez Pidal y del Centro de Estudios Históricos, los estudios filosóficos y sociológicos de otros emigrados como Luis Recasens Siches, José Gaos, José Medina Echavarría, Francisco Ayala, hay que relacionarlos con Ortega y Gasset y el círculo de la *Revista de Occidente,* que tan decisivamente influyó en la vida cultural española anterior a la guerra civil.

Gaos falleció repentinamente firmando un acta de examen en el Colegio de México. Circunstancia puramente accidental, pero que vale la pena señalar por lo que tiene de significativa. Gaos fue, como su maestro Ortega, un verdadero maestro que creó escuela y ha dejado seguidores.

Hay también en su obra, como en la de Medina y Ayala, un aspecto que conviene subrayar: la atención prestada a la circunstancia americana en que transcurrió su vida de expatriado.

Junto al grupo filosófico de Madrid debe figurar el de Barcelona, representado por Joaquín Xirau, Juan Roura Parella, Eduardo Nicol y José María Ferrater Mora, en el que podría incluirse a Juan David García Bacca por haber sido profesor de aquella universidad.

La fecunda labor realizada por todos ellos, que debe completarse con la de José María Gallegos

Rocafull, Eugenio Imaz, María Zambrano y otros
más jóvenes, constituye sin duda alguna, por su variedad y originalidad, una de las aportaciones más
considerables al pensamiento español de nuestra
época. [3]

Ningún otro grupo profesional dio mayor contingente a la emigración que el de los educadores, en
el más amplio sentido del término, que incluye a
catedráticos universitarios de pedagogía, profesores
de Escuelas Normales, inspectores de enseñanza y
maestros, o a quienes, como Alberto Jiménez Fraud,
director de la Residencia de Estudiantes de Madrid,
consagraron a la educación sus mejores esfuerzos.

De los que ocuparon antes de la guerra cargos
públicos (Luis de Zulueta, Domingo Barnés) sólo
muy pocos y por razones bien comprensibles siguieron actuando políticamente; tal el caso de Rodolfo
Llopis, uno de los dirigentes del Partido socialista
español en el extranjero.

Una buena parte pudo proseguir su labor en el
destierro mediante la enseñanza o a través de publicaciones (hubo más de una revista de pedagogía):
Lorenzo Luzuriaga en la Argentina, Herminio Al-
mendros en Cuba, Tirado Benedí en México. Pero
no pocos escribieron también sobre asuntos generales en artículos y ensayos, como Luis de Zulueta
en las páginas del diario *El Tiempo* de Bogotá, Luis
Santullano en Puerto Rico y México, Fernando
Sáinz en Santo Domingo.

Alguno ya había cultivado con éxito en España
la literatura, y las letras continuaron siendo su principal ocupación en el destierro: Alejandro Rodríguez (Casona). Otros, en cambio, con diferente formación básica, derivaron hacia la ciencia. Juan
Comas se dedicó plenamente en México a la antro-

pología física, en cuyo campo ha alcanzado renombre internacional.

Hablando del magisterio y de su labor en la emigración, es obligado hacer referencia a no pocas mujeres. Destaquemos unos nombres: Gloria de los Ríos, María Teresa Navarro de Luzuriaga, Margarita Comas, Emilia Herrando de Ballesteros, Guillermina Medrano de Supervía.

Además de los juristas que se ciñeron a publicaciones de su especialidad, como Rafael de Pina Milán, el malogrado Joaquín Rodríguez, Niceto Alcalá-Zamora y Castillo, etc., hubo quienes se señalaron también por obras de interés más general. Tales, principalmente, José Castillejo, secretario que fue y verdadero animador de la Junta para Ampliación de Estudios desde su fundación hasta 1935, autor de una breve y luminosa historia de la educación en España; Fernando de los Ríos, catedrático como el anterior de la Universidad de Madrid, ministro con la República, cuyas numerosas conferencias en varios países americanos sólo en parte han sido recogidas en libro; Pablo de Azcárate, largo tiempo funcionario de la Sociedad de Naciones, comisionado después por las Naciones Unidas, que en sus últimos años publicó en España varias obras de historia. La biografía tuvo un cultivador en José de Benito.

Muy abundante y valiosa ha sido la producción de criminólogos y penalistas, empezando por el viejo don Constancio Bernaldo de Quirós, entre los cuales había figuras ya destacadas en la vida política española como Mariano Ruiz-Funes y Luis Jiménez de Asúa, y otros más jóvenes como Manuel López-Rey.

En relación con el numeroso grupo de los juristas, vale la pena mencionar que las circunstancias del destierro influyeron para que algunos abandonasen su profesión anterior y se dedicaran a estudios históricos y literarios. Así, entre otros, Emilio González López, Francisco García Lorca y Luis Monguió.

Hay que recordar, por otra parte, que la aportación jurídica de los emigrados en varios países de Hispanoamérica no se limitó a la labor de cátedra ni a su obra impresa; se extendió también a la preparación de proyectos legislativos —lo que luego se ha denominado ayuda técnica en los organismos internacionales— y ha sido objeto en algunos casos de publicación (Ángel Ossorio, Manuel López-Rey, Demófilo de Buen, Antonio Sacristán y varios más). [5]

La emigración republicana fue un éxodo de científicos tanto o más que de literatos. Figuras consagradas en las ciencias naturales como Ignacio Bolívar y Odón de Buen, seguidos por varios de sus discípulos José Royo Gómez, Cándido Bolívar, José Cuatrecasas; físicos y matemáticos, desde Blas Cabrera, Pedro Carrasco, Honorato de Castro, Arturo Duperier, Manuel Martínez Risco, todos catedráticos de la Universidad de Madrid, hasta el joven Luis A. Santaló; químicos como Enrique Moles, Antonio Madinaveitia, José y Francisco Giral, Augusto Pérez Victoria. Nutrido contingente y no menos ilustre dio la Medicina con tratadistas e investigadores especializados en campos diversos: Manuel Márquez, Gustavo Pittaluga, Augusto Pi Sunyer (Premio Kalinga de la UNESCO, 1955), Juan Negrín, Pío del Río Hortega, Severo Ochoa (Premio Nobel, 1959), Isaac Costero.

Como es natural la mayor parte de lo que publicaron pertenece sólo al dominio del especialista. Pero algunos de ellos cultivaron el ensayo científico destinado a un público más amplio —basta recordar al Dr. Pittaluga— o escribieron obras de divulgación que no carecen tampoco de cualidades literarias; brillante ejemplo, *El mar, acuario del mundo* de Enrique Rioja.

Otros, particularmente los profesionales de la medicina, hicieron incursiones en el campo de la amena literatura, desde la novela (Félix Martí Ibáñez) hasta la crónica humorística (Félix Herce). Alguno ha realizado estudios de historia médica (Germán Somolinos).

Periodismo y literatura han estado estrechamente unidos en España desde tiempos de Larra. No pocos escritores emigrados habían sido colaboradores de la prensa diaria, cuando no directores o redactores. Mencionaré solamente a dos bien destacados, Luis Araquistain y Corpus Barga, cuya obra literaria antes y después del destierro rebasa los límites de su actividad periodística.

En la emigración, el artículo de periódico hay que adscribirlo a toda suerte de escritores, desde el poeta y el científico hasta el filólogo y el político. De ahí su variadísimo contenido. Ni qué decir tiene que el artículo político ha sido muy frecuente, aunque más bien en las publicaciones de los propios emigrados. No todos tienen, sin embargo, el mismo carácter; los hay históricos, polémicos, satíricos.

En la sátira política, cuya brillante tradición quedó cortada en España por razones que no hace falta señalar, se distinguieron un periodista profesional que ya en su juventud cultivó el género, Carlos Esplá, y un arquitecto, Gabriel Rodríguez Pradal, que se dio a conocer por primera vez durante la emigración bajo el pseudónimo de Pericles García en las páginas de *El Socialista* de Toulouse.

El artículo polémico ha tenido muchos cultivadores; uno de los más asiduos, Indalecio Prieto. Bien es verdad que no pocos de sus numerosos artículos son recuerdos personales, fragmentos de memorias que entre burlas y veras hacen revivir mil aspectos curiosos de la España de su tiempo.

A otros periodistas se deben reportajes, ensayos y aun aportaciones históricas nada desdeñables. Una entusiasta visión sefardita de la vida española se encuentra en la *Apocalipsis hispánica* de Máximo José Kahn, corresponsal que fue de *El Sol* en Berlín. Si la *Historia de la guerra de España* de Julián Zugazagoitia, periodista bilbaíno sacrificado por el odio político, es más bien un libro de memorias, el de su compañero de partido y periódico Antonio Ramos Oliveira, *Economics, Politics and Men of Modern Spain*, completado luego por él mismo en español, constituye una coherente interpretación marxista de la historia española. Los emigrados no se limitaron, sin embargo, a temas españoles. Una de las más extensas y documentadas biografías del general argentino San Martín fue obra de otro periodista y político, Augusto Barcia Trelles.

Muchos artículos de los emigrados aparecieron en publicaciones periódicas extranjeras, hispanoamericanas sobre todo, en alguna de las cuales tuvieron participación muy directa (*Cuadernos Americanos*). Pero la emigración tuvo sus propios periódicos, y en número considerable, desde la revista científica, literaria o política hasta el boletín informativo, no limitado por lo demás a partidos y organismos sindicales o a grupos profesionales. En Foix, Francia, en 1944, se publicó *Liberación,* que se presentaba como "portavoz de la agrupación de guerrilleros españoles". En París seguían publicando hace poco un boletín, *Hispania,* los supervivientes de los campos alemanes de concentración durante la guerra mundial; mientras que en México editaban el suyo los antiguos alumnos de la Institución Libre de Enseñanza, el Instituto-Escuela y la Residencia de Estudiantes de Madrid.

No menos variable fue la duración. Mientras hubo periódicos que vivieron largos años, y alguno ha llegado a nuestros días, una de las mejores revistas literarias que se iniciaron en México, *Ultramar,* no pasó del primer número. Otras igualmente literarias, como *Las Españas,* tuvieron vida más duradera. Conviene advertir, de todos modos, que los periódicos políticos solían llevar colaboraciones literarias. *Solidaridad Obrera* de París publicó durante algún tiempo, creo que bajo la dirección de Juan Andrade, uno de los mejores suplementos literarios de la prensa emigrada.

Si la mayor parte de los intelectuales fue a parar al Continente americano, la gran masa de la emigración permaneció en Francia. Mientras en la ciudad de México se concentraron centenares de profesionales, en Toulouse vivieron miles de obreros. Esto, unido al hecho de que a Francia regresaran al terminar la guerra mundial no pocos dirigentes políticos, contribuyó, sin duda, a que los periódicos de partido proliferaran en territorio francés —fronterizo con España— más que en otras partes. Sólo los anarco-sindicalistas de uno u otro matiz mantuvieron con regularidad órganos propios en París, Tolosa y Burdeos.

Fuera de México, los hubo igualmente en Cuba, la Argentina, Chile y otros países. A veces en los más pequeños no fue menor el número por razón del contingente de emigrados que allí se reunieron. En Santo Domingo, entre 1940 y 1945, se publicaron *Panorama, Democracia, Ozama, Agora, Rumbo* y *República,* además de otra revista en catalán.

Las memorias ocupan lugar importante. El desterrado político ha sido por una parte espectador o actor de acontecimientos a los cuales debe su condición de expatriado; por otra, es un tipo humano que ve su vida en los años de madurez o senectud como una ruptura que no puede restaurarse más que a través del recuerdo. Del primero provienen las memorias que tienen valor como testimonio histórico; del segundo, las autobiografías de carácter más literario.

Las memorias políticas son las más abundantes (Constancia de la Mora, Largo Caballero, Álvarez del Vayo, Ossorio y Gallardo, José Antonio Balbontín, Gordón Ordax, Dolores Ibarruri, Jesús Hernández, entre muchos otros). Y eso que algunas no se han publicado en su totalidad (Azaña) o permanecen inéditas (Negrín).

José Moreno Villa y Rafael Alberti son autores de recuerdos personales de interés particular para el conocimiento de su obra literaria. María Lejárraga de Martínez Sierra ha dado separadamente sus evocaciones de escritora a principios de siglo (*Gregorio y yo*), y las de su actuación política en época posterior (*Una mujer por caminos de España*).

Las narraciones más o menos noveladas de Barea, *La forja de un rebelde,* y Corpus Barga, *Los pasos contados,* incluyen también el cuadro de la vida española que sus autores conocieron. El uno con estilo tosco, pero gráfico y vigoroso, el otro con una prosa cultivada, amplia y sin pausa, que en nada se parece a la de su juventud, nos han ofrecido una imagen bien lograda del Madrid de principios de este siglo; el hijo de la lavandera, el de los barrios bajos; el hijo del senador, el del Madrid burgués.

En ésta como en otras emigraciones políticas, no ha escaseado la literatura de encargo. La necesidad de ganarse la vida, que para el refugiado sin recursos ni relaciones en país ajeno es apremiante, le obliga a aceptar más de una vez tareas literarias de *pane lucrando*. Parte de esa labor suele ser anónima, si es que el autor no se oculta bajo nombre falso. Pero en la emigración ha existido también una literatura que pudiera denominarse marginal, esporádica o de aficionados, en contraste con la de los profesionales.

Bien es verdad que el tipo de escritor profesional de los tiempos modernos, que cuenta con un gran público y apenas tiene que supeditarse a las exigencias de la producción editorial ha sido siempre raro en su forma plena. Si ya en España casi nadie podía vivir de su pluma, exceptuando a periodistas y gentes de teatro (o algún autor de novelas rosas) se comprende que para el escritor emigrado la situación fuera mucho más difícil. La mayor parte de quienes tenían un nombre como poetas o novelistas, hubieron de ejercer una profesión, como antes en España. En general, la enseñanza de la literatura española ha sido —para los residentes en los Estados Unidos— la base de su independencia económica (Salinas, Guillén, Sender, Ayala, etc.). Es verdad que no faltaron en otras partes excepciones notables, como las de León Felipe, Jarnés, y Alberti, prescindiendo de Casona, autor dramático que pudo ver su obra llevada a la escena.

Al escritor marginal —llamémoslo así para diferenciarlo de algún modo— que depende de una profesión o actividad ajena a la literaria y en la cual ha adquirido posición y prestigio, no le preocupa la recompensa económica ni quizá la resonancia de su obra, que seguramente no va a tener continuidad. A este tipo de literatura pertenecen la novela del biólogo profesional (Augusto Pi Sunyer), la comedia del que fue abogado (Alfredo Pereña), los versos del viejo militar (Ricardo Calderón), la prosa lírica de la joven actriz (Martha Elba Fombellida), etc., etc.

No todo es deleznable. Entre las narraciones de la guerra de España, quizá merezca recordarse más que otras la de Diego de Mesa *Ciudades y días*. Habituados como estamos al escritor profesionalizado y prolífico de nuestro tiempo, olvidamos con frecuencia que en otros anteriores la obra esporádica no era excepcional ni mediocre. En Talavera vivió muchos años sin volver a usar la pluma más que en el ejercicio de la abogacía Fernando de Rojas, el mismo a quien de estudiante se le ocurrió escribir en unas vacaciones —según dice— la mayor parte de *La Celestina*.

La emigración es un naufragio del que no siempre se salvan los mejores restos. A la fosa común del olvido van a parar muchas obras poco dignas ciertamente de recordación. En este sentido la emigración opera una selección saludable, aunque desigual e injusta a veces. Pero dentro de ese hundimiento general aún hay otro tipo de olvido más inmediato. La muerte prematura contribuye a borrar aceleradamente nombres que quizá hubieran perdurado. ¿Qué habría sido de Cervantes de no haber sobrevivido a *La Galatea*? No me atreveré a insinuar siquiera que hubiese ningún Cervantes entre los emigrados que desaparecieron sin llegar a la vejez. Me limitaré a mencionar a dos jóvenes que apenas habían empezado a escribir en el destierro. Uno, Gabriel Pradal, profesor universitario en los Estados Unidos, autor de trabajos críticos sobre poetas españoles modernos, y poeta él mismo; una breve composición suya fue traducida al inglés por George Santayana. El otro, Mariano Viñuales, autor de *Blanquito*, delicada estampa infantil en el marco de la vida rural de Santo Domingo.

Toda reseña de las actividades literarias de los emigrados, por breve que sea, debe incluir las traducciones. Hay que mencionar muy en primer término la labor desarrollada en México, a través principalmente del Fondo de Cultura Económica. Entre 1939 y 1955 los refugiados españoles tradujeron para dicho Fondo más de un centenar de obras, de un total de 179, en el campo de la sociología, la filosofía, la historia y la política. Obras fundamentales de autores del siglo xx (Croce, Heidegger), algunas de gran extensión (*Economía y Sociedad* de Max Weber, *Paideia* de Werner Jaeger), o de los grandes maestros del pasado (Hobbes, Momsen), cuando no la entera producción filosófica de un Dilthey.

Eugenio Imaz, Wenceslao Roces, José Gaos, Vicente Herrero y otros varios vinieron así a prolongar en México la obra de difusión y modernización cultural que antes de la guerra se había realizado en España bajo el impulso y dirección de Ortega y Gasset. Continuaron en América lo que por otra parte ya no hubiera sido posible entonces en España. Los emigrados tradujeron toda una literatura de

pensamiento —de Hobbes a Marx, de Voltaire a
Croce— que en su país caía bajo la prohibición de
la censura oficial, mediatizada por una ortodoxia
religiosa que enfrentándose con el mundo moderno
trataba de volver a una edad anterior a la revolución científica y filosófica iniciada en el siglo XVII.

Los efectos de esa obra educativa han sido considerables, sin duda alguna, en México y otros países
hispanoamericanos; no así en España donde fue
desconocida durante mucho tiempo, y sigue siéndolo
en gran parte.

Lo mismo ha ocurrido con otras traducciones.
También en México, Aurelio Garzón del Camino
vertió por primera vez al español toda la *Comedia
Humana* de Balzac, que otro refugiado, Rafael Gi-
ménez Siles, editó en diez y seis tomos entre 1945
y 1948. Esta traducción no parece haber circulado
en España, pues una editorial española anunciaba
veinte y tantos años más tarde como novedad la
aparición de las obras completas de Balzac, verti-
das por otro traductor. [6]

En la emigración republicana, formada por individuos procedentes de todas partes de España, no
podían faltar, hasta por razones políticas, obras en
otros idiomas peninsulares fuera del español: catalán, gallego, vasco.

Por su tradición literaria y por el gran número
de emigrados procedentes de la región, el catalán
ocupó, con mucha diferencia sobre los demás, el
primer lugar. La calidad intelectual, por otra parte,
de no pocos emigrados, tanto hombres de letras
como de ciencia, y el hecho de haber sido prohibida
temporal o permanentemente después de la guerra
la publicación de libros y periódicos catalanes en

territorio peninsular, acrecieron sin duda el prestigio cultural de la emigración catalana.

Pero, a su vez, los escritores catalanes en el destierro se encontraron en una situación poco favorable para el cultivo de su idioma. No permitiéndose en Cataluña la difusión de sus obras, el público a que se veían reducidos era principalmente el de la propia emigración; mientras que para todos aquellos —los más numerosos— que tuvieron acogida en la América de lengua española, ésta es la que les ofrecía más posibilidades para desenvolverse profesionalmente.

Así se explica que, de la abundante producción en disciplinas muy diversas de los emigrados catalanes, sólo una pequeña parte apareciera en su lengua; en cambio, las publicaciones periódicas de carácter político y literario, destinadas a diferentes grupos de la emigración, fueron numerosas. Cuando en septiembre de 1943 salió en México el primer número de *Quaderns de l'Exili* había ya en el mismo país siete revistas más redactadas totalmente en catalán. Pero también se pasó de lo regional a lo cosmopolita. El poeta José Carner fundó en México en colaboración con su mujer Emilie Noulet una revista literaria, *Orbe,* escrita en español y francés.

En general puede decirse que los escritores catalanes emigrados utilizaron el español como lengua profesional en sus trabajos filológicos, históricos o filosóficos (Corominas, Bosch Gimpera, Ferrater Mora, etc.) y reservaron el catalán para las cuestiones políticas, la prosa narrativa y el verso, o para obras de carácter personal y autobiográfico. Nicolau d'Olwer escribió en español sus estudios históricos y en catalán *Caliu,* libro de recuerdos de sus maestros y amigos. [7]

Hubo asimismo reediciones de obras de los propios emigrados publicadas con anteridad a la guerra y de antiguos clásicos catalanes.

Entre las diferencias que separaron al tradicional emigrante español en América, dedicado principalmente a ocupaciones comerciales, y el emigrado, de formación intelectual o proletaria, una de las más acusadas fue precisamente la política. El encuentro de unos y otros en las organizaciones regionales establecidas desde mucho antes de la guerra civil en diferentes países de América, no siempre fue fácil y hasta dio origen a más de un cisma. Pero tarde o temprano la unidad regional acabó por imponerse, en virtud también de cierta asimilación que entre ambos se produjo a medida que el destierro se iba prolongando año tras año. Con el tiempo, la mayor parte de los emigrados fueron desapareciendo, otros regresaron a España, y los demás, arraigados ya definitivamente en los países que les acogieron, van y vienen a su lugar natal temporalmente, como hacen los viejos emigrantes, a quienes se asemejan hoy más que nunca.

Quizá la tendencia a la unificación se manifestó entre gallegos antes que en otros grupos regionales. En todo caso varias de sus organizaciones y editoriales patrocinaron la publicación de obras de emigrados, tanto en español (Emilio González López) como en gallego (José Núñez Bua), del mismo modo que hubo emigrados al frente de publicaciones periódicas que se dirigían a unos y otros (Luis Seoane en la revista *Galicia emigrante* de Buenos Aires).

También, como entre catalanes y vascos, la producción en español de los emigrados políticos superó a la que realizaron en su lengua vernácula, pero hubo naturalmente escritores de relieve que sólo en ésta redactaron sus mejores obras (Alfonso R. Castelao).

Los emigrados tuvieron asimismo sus revistas en gallego; sólo en México, *Saudade,* cuyo redactor jefe fue Ramiro Illa Couto, y *Vieiros,* dirigida por Carlos Velo.

Es significativo de todos modos que un Rafael Dieste, escritor en gallego antes de la guerra y después de su regreso a España, apenas publicara nada en su lengua nativa durante los veinte años que vivió expatriado en zona tan poblada de emigrantes gallegos como el Río de la Plata, y que por otra parte hubiera emigrados que encontraran editor para alguna obra suya no fuera de España sino en Galicia (Ernesto Guerra Da Cal) coincidiendo con el notorio renacimiento galleguista que se ha producido en la península en los últimos años.

Para dar una idea de las actividades literarias de los vascos desde los primeros años de la emigración, quizá basten los siguientes datos. En 1946 la Editorial Vasca Ekin de Buenos Aires —que ha proseguido hasta hoy día sus actividades—, llevaba publicados veinte volúmenes en español sobre historia, derecho, religión y arte de los vascos, debidos en su mayoría a emigrados (Manuel de Irujo, Jesús Galíndez, Pedro de Basaldúa, Isaac López Mendizábal y otros); siete, igualmente en español, de obras de actualidad, como *De Guernica a Nueva York pasando por Berlín* de José Antonio Aguirre; cuatro de música vasca; y siete en euskera, que comprendían una novela, una comedia, un libro de lectura para niños, dos de poesía y otro de narraciones jocosas.

Junto a esto hubo también una de esas sorpresas que deparan de vez en cuando las emigraciones:

Joaquín de Zaitegui tradujo al vasco y publicó en
Guatemala en 1945 el famoso poema de Longfellow
Evangeline.

Entre otras revistas, los vascos publicaron *Euzkadi*
en Chile y Venezuela, y *Euzko Deya* en Buenos
Aires, Méjico (donde viene apareciendo mensualmente desde 1943) y París. A la Oficina de Prensa
de Euskadi se debe uno de los boletines informati-
vos más completos de toda la emigración.

Hay que señalar, por último, la publicación en
Buenos Aires entre 1945 y 1946 de una revista men-
sual redactada en español, que llevaba el siguiente
título: *Galeuzca,* anagrama de Galiza, Euzkadi, Ca-
talunya, en la que colaboraron tres destacados na-
cionalistas: Alfonso R. Castelao, Manuel Serra
Moret y Ramón María de Aldasoro.

Dejando aparte las lenguas regionales, conviene
añadir que muy pocos emigrados en países de lengua
no española la utilizaron directamente en sus escritos. En este respecto la edad, la formación intelectual de cada uno y aun su actividad profesional
fueron factores decisivos. Algunos jóvenes como
Claudio Guillén y Manuel Durán, mencionados anteriormente, pudieron hacer del inglés su idioma
cultural, y en dicho idioma escribió Isabel de Palencia algunas obras por haberlo hablado desde la
infancia en el seno de la familia.

En inglés fueron redactados también algunos estudios filosóficos de Ferrater Mora y gran parte de
los trabajos de Rafael Lorente de No y Juan Negrín
Jr., entre otros investigadores de la medicina, del
arquitecto José Luis Sert, familiarizado con la lengua anteriormente, todos los cuales han ejercido su
profesión en países anglosajones. Quizá escribieron
en francés sus artículos técnicos Emilio Herrera y

Martínez Risco, y en alemán, sin duda, el arquitecto Manuel Sánchez Arcas, que residió largo tiempo en el Berlín oriental y conocía la lengua desde su juventud.

En otras publicaciones se trataba de textos en español vertidos al inglés, como algunos ensayos literarios de Pedro Salinas y Jorge Guillén, o los históricos de Ramos Oliveira. Una obra de Mariano Ruiz Funes, resultado de un curso en la Universidad de Rio de Janeiro, sólo se conoce en traducción portuguesa.

De todos modos, el número de artículos, monografías y libros aparecidos en inglés no ha sido escaso. Y aunque los hay de reconocido valor por su interés general o en relación con España, no por eso se han publicado hasta ahora, que yo sepa, en español. Citemos como ejemplo *Wars of ideas in Spain,* de José Castillejo, y *Crime* de Manuel López-Rey.

Fuera de las ciencias y de la crítica, la situación ha sido muy diferente. En la literatura imaginativa apenas se escribió nada en otras lenguas. El escritor emigrado de cierta edad, y sobre todo el poeta, vive abrazado a su lengua como al máximo bien, según palabras de Salinas; un bien que teme perder, aunque el temor carezca de fundamento, y que es el único de quien nadie puede privarle, por muchos otros que haya perdido. Para él, escribir un poema no constituye solamente un acto de creación estética, sino una afirmación personal que lleva implícita la abolición del destierro.

NOTAS

[1] Con los cuales tampoco acaba la relación de quienes, viejos y jóvenes, han publicado obras poéticas que en un breve panorama como el presente no tienen cabida. Dejando aparte la consideración de que no pocos de los jóvenes pertenecen hoy más bien a la literatura de los países hispanoamericanos en que ha transcurrido la mayor parte de su vida.

[2] Prescindo de otros, como Antonio Porras, Joaquín Arderius, José Díaz Fernández y César R. Arconada, que por una u otra causa nada nuevo volvieron a publicar en el destierro. Díaz Fernández murió en Francia en 1940 totalmente olvidado.

[3] Aunque no todos, muchos figuran en José R. Marra López, *Narrativa española fuera de España* (1939-1961), Madrid, Guadarrama, 1963, que incluye asimismo a escritores no pertenecientes a la emigración que aquí nos ocupa.

[4] Véase José Luis Abellán, *Filosofía Española en América (1936-1966)*, Madrid, Guadarrama, 1967, donde aparecen incluidos otros pensadores que, aunque residentes en América, no pueden figurar dentro de la emigración política y colectiva producida por la guerra de España.

[5] Véase Javier Malagón, "La influencia del Derecho español en América", *Anuario de Estudios Hispanoamericanos*, XXIV, Sevilla, 1967, pp. 1807-1819.

[6] Caso semejante es el de la versión íntegra de *El Capital* de Marx, realizada hace mucho en Méjico por Wenceslao Roces.

[7] Como excepción podría citarse una obra filosófica de Serra Hunter que apareció póstumamente en catalán.

SUMARIO

SE TERMINÓ DE IMPRIMIR EN LOS
TALLERES VALENCIANOS DE
ARTES GRÁFICAS SOLER, S. A.,
EL DÍA 18 DE ABRIL 1974

LITERATURA Y SOCIEDAD

TÍTULOS PUBLICADOS